超级电影课

适应环境　崇尚美好

主编

杨爱君　王晓琳

编著

李武铭　延惠芳

中原出版传媒集团
中原传媒股份公司

大象出版社

·郑州·

图书在版编目(CIP)数据

超级电影课．适应环境　崇尚美好／李武铭，延惠芳编著．— 郑州：大象出版社，2024．6
(中小学德育影视课程丛书／杨爱君，王晓琳主编)
ISBN 978-7-5711-1905-8

Ⅰ．①超… Ⅱ．①李…②延… Ⅲ．①德育-中小学-教学参考资料②电影-鉴赏-中小学-教学参考资料 Ⅳ．①G631

中国国家版本馆 CIP 数据核字(2023)第 211531 号

中小学德育影视课程丛书

超级电影课：适应环境　崇尚美好

李武铭　延惠芳　编著

出 版 人	汪林中
策　　划	梁金蓝
责任编辑	梁金蓝
责任校对	张绍纳
装帧设计	王　敏

出版发行　大象出版社(郑州市郑东新区祥盛街 27 号　邮政编码 450016)
　　　　　发行科　0371-63863551　总编室　0371-65597936

网　　址	www.daxiang.cn
印　　刷	河南新华印刷集团有限公司
经　　销	各地新华书店经销
开　　本	720 mm×1020 mm　1/16
印　　张	11.25
字　　数	143 千字
版　　次	2024 年 6 月第 1 版　2024 年 6 月第 1 次印刷
定　　价	48.00 元

若发现印、装质量问题，影响阅读，请与承印厂联系调换。
印厂地址　郑州市经五路 12 号
邮政编码　450002　　电话　0371-65957865

目　录

中小学德育影视课程的设计与策划说明 /1

小学低段（一、二年级）德育影视课程的设计说明 /12

第一板块　自我认同与心理健康 /1

生活习惯好，牙齿少烦恼　电影《小红脸和小蓝脸》/3

明是非，辨善恶　电影《狐狸送葡萄》/10

告别糊涂，减少任性　电影《没头脑和不高兴》/17

温暖坚定，爱与传承　电影《小绳子》/25

向往美好，爱好整洁　电影《邋遢大王奇遇记》/31

诚信做人，言行一致　电影《匹诺曹》/37

第二板块　传统文化与家国情怀 /43

中国节，中国魂　电影《除夕的故事》/45

纯洁可爱，勇敢高尚　电影《雪孩子》/53

除暴安良，惩恶扬善　电影《神笔马良》/60

少年经风雨，英雄始长成　电影《小兵张嘎》/68

明是非，守良善　电影《渔童》/74

第三板块　自然伦理与生态文明 /81

拒绝诱惑，坚持主见　电影《超级肥皂》/83

小小世界，大大精彩　电影《昆虫总动员》/90

保护海洋，人人有责　电影《潜艇总动员：海底两万里》/97

人与自然，和谐相处　电影《芬格里：最后的雨林》/104

第四板块　价值体认与理想信念 /111

心中有灯，温暖一生　电影《宝莲灯》/113

团结一心，快乐合作　电影《三个和尚》/122

爱与责任，给予信任　电影《妈妈咪鸭》/130

追逐梦想，勇于担当　电影《狮子王》/140

红军不怕远征难　电影《冲锋号》/148

后　记 /157

中小学德育影视课程的设计与策划说明

一、课程的指导思想

电影作为一种文化媒介，具有强大的表现力与艺术感染力，蕴含着娱乐、审美、教育等多种功能。对于世界观、人生观、价值观正在形成的中小学生来说，电影的影响力尤为显著。正是基于这种认识，我们着手编写了中小学德育影视课程。该课程以《中小学德育工作指南》《关于加强中小学影视教育的指导意见》等文件为指导，以优秀的影视作品为依托，旨在弘扬传统文化、革命文化和社会主义先进文化，助力学生成长。在构建课程的过程中，我们充分借鉴了教育学和心理学的研究成果，所选影片兼具经典性与可观性，契合了学生年龄特点和心理趋向。整个课程旨在引导学生在与自我、与他人、与社会、与自然、与文化的对话中厘清困惑，内化责任意识，增强"四个自信"，为学生全面发展和终身发展奠定坚实的思想基础。

二、中小学影视课程的现状

2018年11月，教育部、中共中央宣传部联合印发了《关于加强中小影视教育的指导意见》（以下简称《意见》）。《意见》明确指出：力争用3—5年时间，全国中小学影视教育基本普及，形成中小学影视教育的浓厚氛围。

当前，各级教育行政管理部门、一线中小学校长与教师都已认识到影视教育的重要性，开展了形式多样的影视教育探索。但就整体而言，电影课程还是一种新生事物，目前尚处于萌芽阶段。表面看来，影视教育呈百家争鸣、百花齐放的蓬勃发展之势，但实际上还存在许多不容忽视的问题，主要体现在以下几个方面。

1. 忽视对电影教育价值的挖掘。不少学校和家庭仅仅看到了电影的娱乐价值，没有充分发掘影片中蕴含的教育价值。

2. 影片的选择带有盲目性。许多学校和家庭在选择电影时比较随意，通常选择当下好评多、票房高的电影，没有充分考虑不同年龄阶段孩子的心理特点与成长规律。

3. 课程内容缺乏整体规划，教学方式缺乏创新。

4. 影视课程开展的时间难以保障，硬件设备、观影场所等都具有一定局限性。

5. 电影资源获取渠道逼仄，难以获取高品质的影片资源。

如何正确认识中小学电影课程的内涵及价值，如何构建一个符合学生认知特点和成长规律的德育影视课程体系，是值得探讨的问题。

三、中小学德育影视课程的内涵

德育影视课程是指以优秀影视作品为主要媒介，围绕学生习惯与品德养成，结合班级管理中出现的阶段性和普遍性问题开展的集观影、交流和实践于一体的综合性实践课程。德育影视课程的形式灵活多样，可以精选一部电影进行主题探讨，也可以根据同一主题剪辑几部相关电影片段进行串接，在对比中实现对该主题全面深入的理解。学校不是开展影视教育的唯一阵地，家校合作可以有效提升德育效果。

四、中小学德育影视课程的开发依据

(一) 政策依据

2017 年 8 月，教育部印发了《中小学德育工作指南》（以下简称《指南》）。《指南》是指导中小学德育工作的纲领性文件，也是中小学德育影视课程的政策依据，规范着本课程的目标设定和内容选择。

在《指南》中，中小学德育总体目标被表述为："培养学生爱党爱国爱人民，增强国家意识和社会责任意识，教育学生理解、认同和拥护国家政治制度，了解中华优秀传统文化和革命文化、社会主义先进文化，增强中国特色社会主义道路自信、理论自信、制度自信、文化自信，引导学生准确理解和把握社会主义核心价值观的深刻内涵和实践要求，养成良好政治素质、道德品质、法治意识和行为习惯，形成积极健康的人格和良好心理品质，促进学生核心素养提升和全面发展，为学生一生成长奠定坚实的思想基础。"德育目标一方面体现着我国教育以立德树人为根本任务的总体方向，体现着思想道德、理想信念和价值观念的先进性；另一方面尊重学生的认知发展特点和思想道德实际，从学生的社会生活、道德生活、法律生活、政治生活等多方面提出要求，尊重学生的社会生活实际，使德育目标具有可行性，不断提高中小学生的公共道德水平和社会参与能力。

依据德育目标，《指南》将德育内容分为五个大项，十六个小项。这五个大项分别是：理想信念教育、社会主义核心价值观教育、中华优秀传统文化教育、生态文明教育、心理健康教育。

《指南》提及的德育目标和德育内容，将作为中小学德育影视课程的重要设计依据。

(二) 理论依据

中小学德育影视课程在影片选择上有着明显的层级性与阶梯性。这种层级性有其内在的教育心理学依据。主要依据有两个：一个是皮亚杰的道德发展理论，一个是科尔伯格的道德发展阶段理论。

瑞士儿童心理学家皮亚杰是认知心理学的代表人物，他根据儿童对规则的理解和使用，把儿童道德认知发展划分为四个有序的阶段。

第一阶段：前道德阶段（0—3岁）。

第二阶段：他律道德阶段或道德实在论阶段（3—7岁）。

第三阶段：自律或合作道德阶段（7—12岁）。

第四阶段：公正道德阶段（12岁以后）。

科尔伯格的道德发展理论受到皮亚杰观点的影响，被称为皮亚杰在道德发展领域的继承人。

1. 前习俗水平，分为惩罚与服从的道德定向阶段和朴素的利己主义定向阶段。处于这一水平的个体还没有内在的道德标准，他们的道德判断取决于外在的要求。

2. 习俗水平，分为"好孩子"定向阶段和维护权威或秩序的道德定向阶段。这一水平上的儿童有了满足社会的愿望，这时他们能够从社会成员的角度来思考道德问题，比较关心别人的需要。了解、认识社会行为规范，并遵守、执行这些规范。

3. 后习俗水平，分为社会契约的定向阶段和普遍的伦理原则的定向阶段。处于这一水平的个体在努力脱离掌握原则的集团或个人的权威，并不把自己和这种集团视为一体，而是以普遍的道德原则和良心为行为的基本准则。

德育影视课程正是基于以上两种理论，针对不同阶段学生道德养成的内在规律来选择影片、设计活动。

五、中小学德育影视课程的内容构成

中小学德育影视课程以《指南》为指引，涵盖了从小学一年级到高中三年级各个学段，在整体框架上大致分为三阶段九阶梯。每一阶段参照个体与自我、个体与社会、个体与自然、个体与文化四个维度，设置自我认同与心理健康、传统文化与家国情怀、自然伦理与生态文明、价值体认与理想信念四大板块。因为影视资源和《指南》的具体内容缺乏清晰明确的对应性，因此在设计中小学德育影视课程的时候，我们只是参照了《指南》中的德育目标和内容框架，具体内容的设计还需结合学生的年龄特点、影视资源的特质进行。

（一）自我认同与心理健康

自我认同是心理健康的重要标志。除此之外，具备健康心理的人还能够在人际交往中适当把控个人情绪，能够不断适应外部环境，对自己的人生具有一定的规划。

（二）传统文化与家国情怀

该板块旨在引导学生正确处理个人与他人、个人与社会的关系；形成乐于奉献、热心公益慈善的良好风尚；不断增强学生的国家认同，形成爱国情感，树立民族自信；形成为实现中华民族伟大复兴的中国梦而不懈努力的共同理想追求；引导学生明辨是非、遵纪守法、坚忍豁达、奋发向上；积极争做知荣辱、守诚信、敢创新的中国人。

（三）自然伦理与生态文明

该板块旨在引导学生了解祖国的大好河山和地理地貌，认识大自然，学会与大自然和谐相处，树立尊重自然、顺应自然、保护自然的发展理念，按照自然规律办事，增强保护环境的自觉性；知道人与自然应该构建和谐共生、良性循环、持续发展的自然伦理形态，树立可持续发展观念，养成勤俭节约、低碳环保、自觉劳动的生活习惯，形成健康文明的生活方式。

（四）价值体认与理想信念

该板块旨在引导学生树立社会主义核心价值观，继承革命传统，传承红色基因，不断树立为共产主义远大理想和中国特色社会主义共同理想而奋斗的信念和信心。

六、各学段课程的设计说明

（一）小学低段

幼儿园的生活以游戏为主，小学阶段则以学习为主。一、二年级的孩子正处于这一过渡阶段。从皮亚杰的道德发展理论看，这个阶段孩子的道德发展经历了一个从自我中心阶段向外在权威阶段过渡的过程。如果按照科尔伯格的道德发展阶段理论，一年级的学生道德水准处于"我不想找麻烦"这一层级上，即处在对外在规则的被动遵守阶段；二年级学生则在一年级的基础上，渐次提升为"我想得到表扬"，即孩子希望通过自己的努力得到外在的肯定与赞赏。这一阶段的孩子整体上还处于他律期，其行为具有很大的可塑性。在学情上，新的学习环境会对一年级的孩子产生重大影响，在规范其行为的同时，很容易引发学生的安全危机，导致心理焦虑。因此，帮助学生排解因安全感不足导致的心理焦虑，引领学生养成良好的学习习惯和生活习惯成为这个阶段道德养成教育的核心任务。

学段	类属板块	主题	电影
小学低段	自我认同与心理健康	讲卫生	《小红脸和小蓝脸》
		明是非	《狐狸送葡萄》
		控情绪	《没头脑和不高兴》
		向美好	《小绳子》
		好整洁	《邋遢大王奇遇记》
		讲诚信	《匹诺曹》
	传统文化与家国情怀	知节日	《除夕的故事》
		有爱心	《雪孩子》
		明责任	《神笔马良》
		确身份	《小兵张嘎》
		守良善	《渔童》
	自然伦理与生态文明	理性看待世界	《超级肥皂》
		了解自然韵律	《昆虫总动员》
		保护自然环境	《潜艇总动员：海底两万里》
		初晓自然伦理	《芬格里：最后的雨林》
	价值体认与理想信念	理解亲情	《宝莲灯》
		学习合作	《三个和尚》
		感受责任	《妈妈咪鸭》
		初识梦想	《狮子王》
		学习英雄	《冲锋号》

(二) 小学中段

父母们应该都有这样的经历：许多孩子在一、二年级时还是个纯纯正正的孩子，也就是我们平常所说的"小孩儿"。进入三年级后好像突然长大了、顿悟了，说话做事也开始一板一眼起来。在这个阶段，孩子的学习习惯、学习态度等逐渐趋于稳定。如果这两年间有些不良习惯没有得到及时纠正，就会埋下很大的隐患。我们精选了 20 部电影，这些电影不仅让孩子学会悦纳自我、坚定理想信念，而且能够直面问题，进行自我管理。

学段	类属板块	主题	电影
小学中段	自我认同与心理健康	悦纳自己	《奇迹男孩》
		突破自我	《疯狂原始人》
		崇尚美好	《绿野仙踪》
		适应环境	《寻找声音的耳朵》
		学会交往	《麦豆的夏天》
	传统文化与家国情怀	了解传统	《三十六个字》
		敬亲睦友	《少年闵子骞》
		明辨是非	《哪吒之魔童降世》
		学习英雄	《鸡毛信》
		扫除邪恶	《风语咒》
	自然伦理与生态文明	认识物种多样	《海底总动员》
		树立环境意识	《雪人奇缘》
		理解和谐共生	《蝴蝶》
		主动保护动物	《熊猫回家路》
		审视人类行为	《河童之夏》
	价值体认与理想信念	直面挫折	《路灯下的小女孩》
		助人为乐	《E.T.外星人》
		乐于合作	《霍顿与无名氏》
		捍卫正义	《疯狂动物城》
		国家认同	《国徽》

(三) 小学高段

五年级学生开始进入少年期，身心的发展正处在由幼稚趋向自觉、由依赖趋向独立的半幼稚半成熟交错的矛盾时期。六年级是小学到初中的一个转折点，六年级的学习既要做好小学六年的知识巩固与复习，又要开始接触初中的一些知识。心理和学习上都会有很大压力，学会合理安排和规划自己的生活是极为重要的。德育目标与中段一脉相承，只是在内容上具有渐进性。

高段的德育内容涉及家国教育、传统文化、民族精神、规则规范、劳动教育、意志品质、心理教育等多个方面。

学段	类属板块	主题	电影
小学高段	自我认同与心理健康	心怀希望	《流浪地球》
		超越自我	《天上掉下个琳妹妹》
		积极创造	《听见天堂》
		回归自我	《西游记之大圣归来》
		珍爱生命	《寻梦环游记》
	传统文化与家国情怀	继承传统	《毡匠和他的女儿》
		追求梦想	《旋风女队》
		直面困境	《惊心动魄》
		仰慕英雄	《烈火英雄》
		心怀家国	《我和我的祖国》
	自然伦理与生态文明	感受地球神奇	《我们在这里：生活在地球上的注意事项》
		理解依存关系	《我们诞生在中国》
		关注环境问题	《蜂蜜之地》
		理解环境灾难	《海洋》
		主动参与环保	《二月泉》
	价值体认与理想信念	追求自由	《少年斯派维的奇异旅行》
		崇尚民主	《十二公民》
		互相成就	《夏洛特的网》
		坚守正义	《穿靴子的猫》
		追逐梦想	《大鱼》

（四）初中学段

初中学段是学生思维发展、品德发展的质变期，从心理学的角度来说，孩子们面临着叛逆和青春期等重大问题的挑战。初中学段德育影视的任务是通过理想与信仰、坚守与放弃、努力和坚持、理解青春等丰富的主题，引导学生形成直面现实、勇于接受挑战的心理品质。

学段	类属板块	主题	电影
初中学段	自我认同与心理健康	恰当的异性交往	《怦然心动》
		巧妙的亲子沟通	《勇敢传说》
		和睦的家庭关系	《狗十三》
		自信的个人追求	《红衣少女》
		积极的勇于探索	《鹬》
	传统文化与家国情怀	知荣辱	《我的1919》
		立志气	《夺冠》
		学党史	《建党伟业》
		晓过去	《末代皇帝》
		爱国家	《金刚川》
	自然伦理与生态文明	物种多样	《海洋奇缘》
		持续发展	《十八洞村》
		珍爱生命	《唐山大地震》
		和谐共生	《阿凡达》
		守护家园	《南方的野兽》
	价值体认与理想信念	自立自强	《钢琴家》
		明辨是非	《完美的世界》
		立己达人	《秋之白华》
		信守承诺	《一个都不能少》
		价值体认	《孙子从美国来》

(五) 高中学段

从人的身心发展来看，高中生在身体发育成熟的同时，自我意识明显增强，独立思考和处理事情的意识与能力不断加强与提升，初步的世界观、人生观、价值观快速形成。高中学生一方面在心理和行为上表现出强烈的自主性，另一方面对升学和专业的选择进入预备期，他们开始面对越来越重要的模拟考试和综合考试排名。随着高考日期的临近，他们升入大学尤其是升入好大学的愿望越来越强烈，心理压力越来越大，情绪波动比较大，这一时期是心理问题的高发期。从中小学德育的发展目标来看，这一时期在加强学生心理疏导的同时，重点应放在人生规划方面，加强正确的人生观和理想信念等方面的人文教育，培养其科学、理性的思维方式，给予其更多的关于人生规划和职业选择的指导，帮助其形成正确的世界观、人生观和价值观，以明确努力的方向。

学段	类属板块	主题	电影
高中学段	自我认同与心理健康	认识自我	《楚门的世界》
		生命尊严	《爆裂鼓手》
		尊师守纪	《老师·好》
		解放心灵	《心灵捕手》
		逆境觉醒	《逆光飞翔》
	传统文化与家国情怀	文化典籍	《敦煌》
		立己达人	《功夫》
		责任担当	《黑骏马》
		为国争光	《横空出世》
		崇德弘毅	《平原上的夏洛克》
	自然伦理与生态文明	生态现状	《三峡好人》
		守护行动	《勇往直前》
		乡土情怀	《无言的山丘》
		人与生态	《塬上》
		人类命运	《驭风男孩》
	价值体认与理想信念	诚实守信	《信·守》
		相信未来	《阿甘正传》
		社会责任	《攀登者》
		坚韧向上	《百万美元宝贝》

小学低段（一、二年级）德育影视课程的设计说明

中小学德育影视课程以《中小学德育工作指南》（以下简称《指南》）为指引，在整体框架上大致分为三阶段九阶梯。每一阶段参照个体与自我、个体与社会、个体与自然、个体与文化四个维度，设置自我认同与心理健康、传统文化与家国情怀、自然伦理与生态文明、价值体认与理想信念四大板块。在《指南》中，小学低年级的德育目标为：教育和引导学生热爱中国共产党、热爱祖国、热爱人民，爱亲敬长、爱集体、爱家乡，初步了解生活中的自然、社会常识和有关祖国的知识，保护环境、爱惜资源，养成基本的文明行为习惯，形成自信向上、诚实勇敢、有责任心等良好品质。为了达成这一整体目标，结合小学低段学生的年龄特点和心理倾向，我们精心选择了20部经典影片，以期通过电影这种直观的形式寓教于乐，帮助学生实现正向成长。

为了提高电影的教育效果，我们对各板块承载的德育目标进行了细化，力求在涵盖整体目标的前提下将目标具体化。各板块德育细目如下：

第一板块：自我认同与心理健康。细分为讲卫生、明是非、控情绪、向美好、好整洁、讲诚信六个子项。

第二板块：传统文化与家国情怀。细分为知节日、有爱心、明责任、确身份、守良善五个子项。

第三板块：自然伦理与生态文明。细分为理性看待世界、了解自然韵律、保护自然环境、初晓自然伦理四个子项。

第四板块：价值体认与理想信念。细分为理解亲情、学习合作、感受责任、初识梦想、学习英雄五个子项。

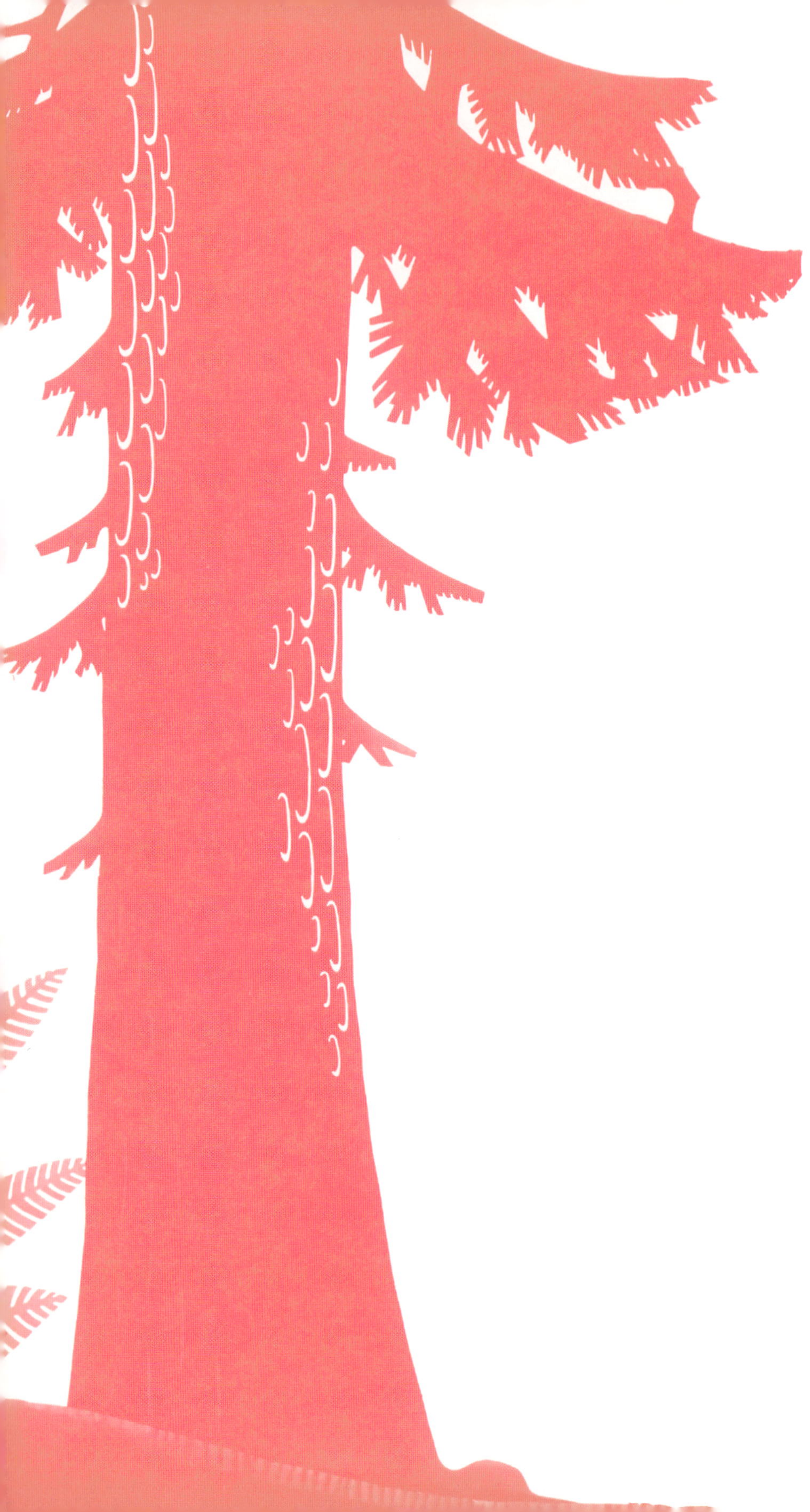

第一板块 自我认同与心理健康

01 讲卫生

02 明是非

03 控情绪

04 向美好

05 好整洁

06 讲诚信

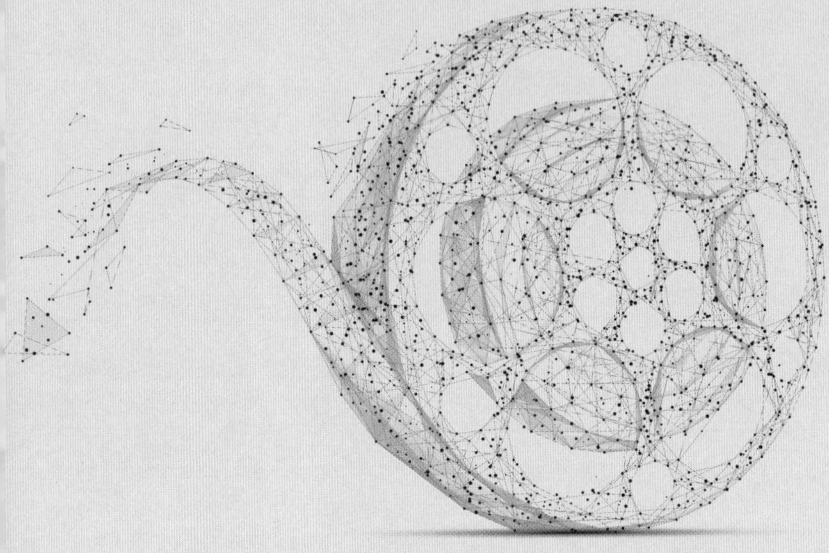

生活习惯好，牙齿少烦恼

电影《小红脸和小蓝脸》

□ 张树东（山东省东营市胜利河口第一小学）

导演：戴铁郎

类型：动画

制片国家／地区：中国

上映年份：1982 年

德育主题

牙齿的好坏会影响到人的健康，龋齿会影响咀嚼、消化、吸收，进而影响食欲和心理情绪。特别是小学生，正处于生长发育阶段，为了健康和有一副好牙齿，必须注意牙齿的保护。影片以平易直观的方式表现枯燥难懂的科学知识，运用拟人化的手法，形式活泼，讲述了小红脸和小蓝脸在小明口腔里从安家落户到最后被驱逐出去的全过程，让小朋友在品味有趣故事的同时，也获得知识。

电影赏读

一、情节回顾

动画片《小红脸和小蓝脸》是一部色彩鲜艳、构思新颖、语言流畅、生活气息浓厚，适合儿童心理，具有一定教益和独特艺术风格的影片。

小红脸和小蓝脸又拿起了望远镜，东张西望，在找谁呢？对了，就是在找不认真刷牙的小朋友。小红脸和小蓝脸找到小明，是因为小明有一个坏习惯，就是在临

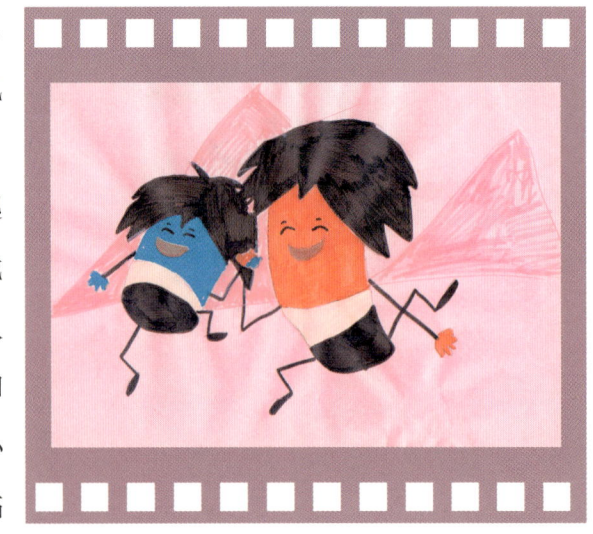

睡觉时，很喜欢躺在床上吃零食，不爱刷牙。爸爸妈妈批评他，他也不听。

小红脸和小蓝脸就钻进小明的牙缝，蛀坏牙齿。小红脸和小蓝脸吃着小明牙齿上的饼干末，吃得非常饱，吐起了酸水，随后在牙齿上凿起了洞。小明晚上临睡前吃甜食，早上起床也不刷牙，他哪里知道，小红脸和小蓝脸在他的牙齿里盖房子，拿他的牙齿当美餐，把牙齿改成了宫殿。小红脸和小蓝脸在小明的牙齿里安家落户，它们也越长越大。

小明踢球时脸肿了，就像一个足球。脸肿了，这可不是踢足球踢肿的。小明不知道脸肿的原因是天天不刷牙，不讲口腔卫生，小红脸和小蓝脸已经把小明的牙齿当家了。

当牙齿不疼时，小明还和往常一样，不讲口腔卫生。小红脸和小蓝脸把房子也越盖越大，小明牙齿坏得越来越多，可是小明却全然不知，还是和往常一样，不讲口腔卫生。有一次，小明一连吃了三根冰糕后，牙又疼了，脸肿得老高。脸肿了，小明就抹上止疼膏，疼得还是很厉害。小明明白了是因为自己不讲口腔卫生，平时爱吃甜食，好好的牙齿成了蛀牙。小明知道了脸肿的原因，就去刷牙，刷完牙后，照着镜子看牙齿，有不少小洞。小明就去

牙科医院请医生想办法，把小红脸和小蓝脸赶跑。

医生帮小明治好牙后，小明把小红脸、小蓝脸用漱口水冲了出来，它们被冲到了下水道里，又划着小船，用望远镜寻找下一个不爱刷牙的小朋友。

二、主题解读：做口腔卫生小卫士

小学低年级学生知识经验、认知水平有限，而人们对客观事物的认识是通过感知获得的。因此运用现代多媒体技术可以使抽象、深奥的科学知识具体化、形象化、趣味化，从而激发学生对科学的兴趣，使他们主动观察、探索、思考问题。

这部动画片讲述了小红脸和小蓝脸在小明牙齿里从安家落户到最后被驱逐出去的全过程。通过观看影片，学生知道睡觉前吃零食对牙齿有害，懂得保护牙齿，保持口腔清洁，做口腔卫生小卫士。

在习惯养成方面，每一个孩子都不同，可以在一段时间，专注培养孩子某方面的习惯。如本片中的小明，不刷牙，不讲口腔卫生。这些事情看似很小，却是孩子急需解决的问题。这就需要老师和家长共同努力。在学校，老师可以教育学生，告诉他们讲口腔卫生的重要性，做一名口腔卫生小卫士。在家里，家长除了说教，还要身体力行，做个好榜样，与孩子一同刷牙，晚上不吃零食。一般某种习惯的养成要两周时间，经常有家长问，两周了孩子怎么还没有养成刷牙的好习惯。这是因为，不讲卫生的习惯已经很久了，每天刷牙看似简单，实际上不仅是培养一种习惯，而且要先改掉一种坏习惯，大人短时间内也很难做到。需要家长多陪孩子，一同刷牙，才能有所改观。

建议一天早、中、晚各刷一次牙，多吃蔬菜和新鲜水果，不挑食，注意饮食平衡，少喝碳酸饮料，喝完饮料用清水漱口。平时刷牙用含氟儿童牙膏，多喝白开水，少吃甜食，睡前绝对禁止吃甜食，养成良好的口腔卫生习惯，做一名口腔卫生小卫士。

电影对对碰

一、观影准备

1. 小调查。

(1) 你的身边有没有不刷牙的人？在他身上发生过哪些有趣的事情？

(2) 在你认识的人中，有没有吃零食不刷牙的人？他牙疼了是怎样做的，牙不疼了又是怎么做的？

2. 忆一忆。

回顾自己在平时的生活中是否刷牙。如果不讲究口腔卫生，会给你带来哪些不良后果？

二、电影沙龙

1. 小红脸和小蓝脸是两个捣乱的牙细菌，他俩最喜欢找谁？

提示：小红脸和小蓝脸的学名叫乳酸杆菌，是一种对牙齿非常有害的细菌。小朋友们，你们每天都认真刷牙吗？小红脸和小蓝脸又拿起了望远镜，东张西望，在找谁呢？对了，就是在找不认真刷牙的小朋友。

2. 小红脸和小蓝脸为什么会找到小明？

提示：小红脸和小蓝脸找到小明，是因为小明有一个坏习惯，就是在临睡觉时吃糖果饼干。这样小红脸和小蓝脸就会钻进小明的牙缝，蛀坏牙齿。

3. 小红脸和小蓝脸在小明的牙齿上凿洞，小明是怎么做的？

提示：小红脸和小蓝脸吃着小明牙齿上的饼干末，吃得非常饱，吐起了酸水，随后在牙齿上凿起了洞。小明晚上临睡前吃甜食，早上起床也不刷牙，他哪里知道，小红脸和小蓝脸把牙齿改成了宫殿，在小明的口腔里安家落户。

4. 小明踢球时脸肿了，明白是什么原因了吗？

提示：小明踢球时脸肿了，就像一个足球。脸肿了，这可不是踢足球踢肿的。小明不知道脸肿的原因是天天不刷牙，不讲口腔卫生，小红脸和小蓝脸已经把小明的牙齿当家了。当牙齿不疼了，小明还和往常一样，不讲口腔卫生，竟然一连吃了三根冰糕。

5. 小明吃冰糕后牙又疼了，这次他明白是什么原因了吗？他又是怎样做的？

提示：小明吃冰糕后牙又疼了，脸又肿了，就抹上止疼膏，还是不行。小明明白了是因为自己不讲口腔卫生，平时爱吃甜食，好好的牙齿成了蛀牙。小明知道了脸肿的原因，就去刷牙，刷完牙后，照着镜子看牙齿，有不少小洞。小明就去牙科医院请医生想办法，把小红脸和小蓝脸赶跑。

6. 想一想，你自己是不是和小明一样？如果是，你今后打算怎么做？

提示：德育电影的最终目的在于反躬自身，只有在与自我的对话中，才能让教育落到实处。

三、趣味活动

1. 演一演。

如果你在现场，看到小明脸肿了，你想对他说点什么？

提示：表演可以分三个轮次，先师生合作表演，再生生表演，最后全班展示。表演过程中，可以适当设置障碍，比如对方不听劝，鼓励表演的同学举例子增强说服力。

2. 编一编。

想一想，已经讲口腔卫生的小明，会发生怎样的变化？

提示：可以结合具体的场景来说，比如小明遇到一个天天不刷牙的小朋友，小明会怎么做、会怎么说等。

拓展延伸

1. 合作写绘。

选取影片中最感兴趣的内容，两人一组合作完成一份写绘作业。一个负责画画，一个负责给画面配文字。注意做好动作、神态、文字布局等细节处理。在合作的过程中，要注意在交流的基础上发挥两个人的智慧，争取获得"写绘创意奖"。

2. 资源链接。

（1）有一部动画片，名字叫《精灵爱牙讲堂》，是有关口腔健康的知识短片。该片主要讲述牙牙精灵和牙博士一起帮助口腔疾病患者解除病痛折磨，科普口腔知识。故事轻松幽默，巧妙地把口腔健康知识融入日常生活中，达到寓教于乐的完美效果。快去看一看吧！

（2）有一首儿歌，名字叫《护齿》，很有意思。读一读吧。

护齿

小朋友，跟我走。想护齿，跟我学。吃东西，要洗手。从早到晚要刷牙，这样才能保护牙。牙齿好，才更好。参加微笑大使选拔赛，准能拿到第一名。小朋友，看好了，跟我学，准没错。

（本文插图：山东省东营市胜利河口第一小学 毕芸溪、张树东、牟宸潇、谈凌栩）

明是非，辨善恶
电影《狐狸送葡萄》

□ 张树东（山东省东营市胜利河口第一小学）

导演：胡进华

类型：动画

制片国家／地区：中国

上映年份：1987 年

德育主题

培养儿童良好的道德品质的关键时期是在小学阶段，而对小学生进行思想品德的教育时，要正确处理好"知"与"行"的关系。知是行的要求，知而不行，知就会丧失意义；行受知的指导，行而不知，行就会变得盲目。一个人只有具备正确的道德认识，才能辨别是非善恶，从而产生强烈的道德情感，知晓为什么行动和怎样行动，并把正确的行为坚持下去，表现出道德的自律和一贯。《狐狸送葡萄》就是教会孩子们明是非，辨善恶，不要被表面现象迷惑。

电影赏读

一、情节回顾

森林旁边一个小村庄里，有一对爱贪小便宜的老两口儿，密林中有一只非常狡猾的狐狸。有一天，老两口儿把自己家的鸡赶到晒谷场上偷吃别人家的谷子。那只狡猾的狐狸正要偷吃他们的一只大公鸡，被老大爷发现。狐狸躲避不了，看见路边又大又圆的葡萄，就偷葡萄给老大爷，并甜言蜜语地把老两口儿骗了。接着，狐狸又找来老狼和野猪，合起伙来欺骗老两口儿，老两口儿完全相信了它们。在老两口儿睡觉时，狐狸、老狼和野猪把他们的鸡、羊、猪等都偷光了。

二、主题解读：明是非，辨善恶

狐狸在森林中觅食，想抓在空中飞的小鸟，小鸟灵敏地躲开了。正在这时，森林边的人家里响起了鸡的叫声。森林边住着一对老夫妻，这老两口儿爱贪小便宜，养了一大群鸡，却不想喂食，把自己家的鸡赶到晒谷场上偷吃别人家的谷子。就连小鸟都嘲笑他们。

看到这里，学生们都能明白，知道这老两口儿不对，爱贪小便宜。联系生活实际，教育学生不贪小便宜。

狐狸偷吃大公鸡时，突然扑上去将其抓住，但是，养鸡的老大爷发现了，就连忙追来。狐狸见逃不掉，干脆将鸡放了，在逃跑的过程中被石头给绊倒了。它看到了晶莹剔透的葡萄，眼珠子骨碌一转，有了坏主意。它摘下一串葡萄，假惺惺地来到老大爷面前，把葡萄递给老大爷，说自己已经痛改前非，并说这葡萄是自己种的。因为老大爷亲眼看见它抓走了鸡，根本不信它的话。

狐狸的葡萄他不吃。然而老太婆却夺过葡萄，将其放在嘴里尝了一口，说道："狐狸的葡萄，不吃白不吃。"狐狸为了让老两口儿相信自己，它假意说："我现在自己种葡萄吃葡萄，再也不吃鸡了，还能给你们看鸡呢！"老两口儿很是高兴，答应了狐狸照看鸡的请求。

狐狸故技重施，让老狼带一只羊送给老两口儿，也做出一副真心悔改的模样。老大爷不相信狐狸和老狼，但老太婆很贪心，收了老狼送来的羊给老大爷看。此时，老狼哭得撕心裂肺，好像真的为自己做过的事情后悔莫及，老大爷也就相信了。

狐狸又叫来了自己的伙伴野猪，说老大爷夫妻俩太好了，连野猪都想到他家来当家猪。老两口儿信任狼和狐狸，自然也不怀疑野猪，当即欣然同意。

一天晚上，夫妻俩还在睡梦中时，狐狸、老狼和野猪把他们的鸡、羊、猪等全偷光了。二人欲哭无泪，互相埋怨。

明是非，才能辨善恶。开始老大爷对狐狸的判断是对的，但是在老太婆的怂恿下，对狐狸的判断出现错误，最后导致家中的鸡、羊、猪等都被偷光了。

电影对对碰

一、观影准备

1. 小调查。

(1) 你的身边有没有贪小便宜的人？在他的身上发生过哪些有趣的事情？

(2) 在你认识的人中，有没有因听了坏人的甜言蜜语而吃亏的人？

2. 回忆一下，在平时的生活中，是否有贪小便宜的人？如果听信了坏人的甜言蜜语，会带来哪些后果？

二、电影沙龙

1. 森林边住着一对老夫妻，养了一大群鸡，把鸡赶到晒谷场上吃谁家的谷子？

提示：森林边住着一对老夫妻，这老两口儿爱贪小便宜，连小鸟都笑话他们。他们养了一大群鸡，却不想喂食，把自己家的鸡赶到晒谷场上偷吃别人家的谷子。就是因为贪小便宜，才有了后面的故事。

2. 狐狸在森林中觅食，当捉到公鸡时，被老大爷发现了。狐狸用什么办

法取得老大爷的信任？

提示：老大爷发现了，就连忙追来。狐狸见跑不掉，干脆将鸡放下。他看到了晶莹剔透的葡萄，就有了坏主意。他摘下一串葡萄，假惺惺地来到老大爷面前，把葡萄递给老大爷，说自己已经痛改前非，并说这葡萄是自己种的。

3. 老大爷起初不相信，为什么后来又相信了狐狸？

提示：老大爷起初不相信狐狸，但老太婆夺过葡萄，将其放在嘴里尝了一口，很甜，还说"狐狸的葡萄，不吃白不吃"。狐狸见二人收下葡萄，为了让老两口儿相信自己，又假意说，现在自己吃葡萄，再也不吃鸡了，而且还能给他们看鸡呢！老两口儿见有便宜可以占，就高兴地答应了狐狸的请求。

4. 老两口儿为什么也相信了老狼？

提示：狐狸故技重施，让老狼带一只羊送给老两口儿，也做出一副真心悔改的模样。老大爷不相信狐狸和老狼，但是老太婆很贪心，收了老狼送来的羊给老大爷看。老大爷心动了，毕竟有便宜可以占。这时，老狼打起了悲情牌，哭着说为自己做过的事情后悔莫及，老大爷也就相信了。

5. 狐狸用什么办法让老两口儿也相信了野猪？

提示：狐狸叫来了自己的伙伴野猪，说老大爷夫妻俩对自己很好，连野猪都想到他家来当家猪。老两口儿想野猪到他家来当家猪，自己是占了大便宜，当即欣然同意。

6. 老两口儿信任了狐狸、老狼和野猪，最后结局是怎样的？

提示：在一天晚上，夫妻俩还在睡梦中时，狐狸、老狼和野猪把他们的鸡、羊、猪等都偷光了。二人在夜色下欲哭无泪，互相埋怨。

7. 想一想，在我们身边有没有像老两口儿这样的人？如果有，你今后打算怎么做？

提示：德育电影的最终目的在于反躬自身，只有在与自我的对话中，才能让教育落到实处。

三、趣味活动

1. 演一演。

如果你在现场，看到狐狸送葡萄，你想对老两口儿说点什么？

提示：表演可以分三个轮次，先师生合作表演，再生生表演，最后全班展示。表演过程中，可以适当设置障碍，比如对方不听劝，鼓励表演的同学举例子增强说服力。

2. 编一编。

狐狸、老狼和野猪把老两口儿的鸡、羊、猪等都偷光了。以后老两口儿会发生怎样的变化？

提示：可以结合具体的场景来说，比如，老两口儿不贪小便宜了，狐狸再来，是不会相信它的。

拓展延伸

1. 合作写绘。

选取影片中最感兴趣的内容，两人一组合作完成一份写绘作业。一个负责画画，一个负责给画面配文字。注意做好动作、神态、文字布局等细节处理。在合作的过程中，要注意在交流的基础上发挥两个人的智慧，争取获得"写绘创意奖"。

2. 资源链接。

还有一部动画片，名字叫《狐狸和乌鸦》，是寓言故事。讲述的是一只狐狸用奉承话骗取了乌鸦嘴里叼着的一片肉，形象地告诉我们爱听奉承话容易受骗上当的道理。快去看一看吧！

(本文插图：山东省东营市胜利河口第一小学 张树东、王秋硕、王玉彤、李亦弘、李博钰)

告别糊涂，减少任性
电影《没头脑和不高兴》

□刘会忠（山东省东营市利津县汀罗镇中心小学）

导演：张松林

类型：动画

制片国家／地区：中国

上映年份：1962年

德育主题

做事严谨、善于合作是心理健康的重要标志,也是小学低年级核心德育目标之一。《没头脑和不高兴》就是一部对低学段学生进行严谨合作教育的优秀影片。该片通过略带夸张色彩的动画故事,形象地凸显了马虎大意和任性而为的弊端,有助于低学段小学生认识到严谨合作的重要性。

电影赏读

一、情节回顾

《没头脑和不高兴》是一部老动画片,由任溶溶的同名儿童文学作品改编而成,1962年由上海美术电影制片厂制作完成并上映。影片中有两个孩子,一个叫"没头脑",一个叫"不高兴"。"没头脑"做起事来马马虎虎,做什么事都打个折扣,出错成了常态,要不然怎么叫"没头脑"呢。"不高兴",并不是整天阴沉着脸,而是喜欢和别人唱反调——别人说往东,他偏要往西,做什么事都由着自己的性子来,丝毫不去考虑他人的观点和感受,典型的"以

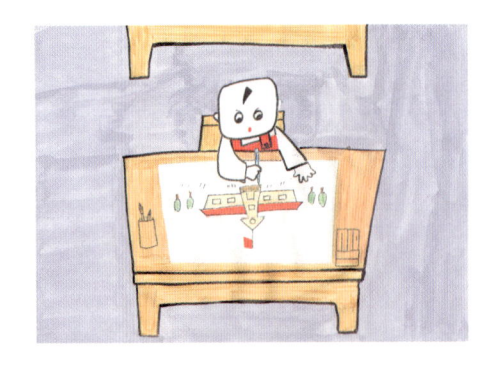

自我为中心"。就是这样两个孩子，却总想着长大了做几件大事情，以便让别人刮目相看。一天，在"法力"的加持下，他们如愿以偿成了自己心目中能做"大事"的成年人。

"没头脑"做了工程师，"不高兴"成了演员。做了工程师的"没头脑"充分发挥自己的想象力，设计了一座高达999层的少年宫大楼。大楼造好以后，才发现喷泉放错了地方。更要命的是，这么高的大楼，居然忘记了设计电梯。结果，孩子们为了能到大楼顶层去看演出，得带上铺盖、干粮爬一个月的楼梯，真是天方夜谭。不过，受害的不光是孩子，"没头脑"也没能幸免，因为他也参加了少年宫的开幕式，也要爬999层楼梯。

"不高兴"如愿做了演员。在少年宫开幕式这天，"不高兴"要在少年宫的顶层表演《武松打虎》。本来，"不高兴"饰演的角色是老虎，按照剧情本该被武松打死才对。可是，戏演到紧要关头，"不高兴"的倔脾气又上来了，说什么也不想死，非但不想死，还要和武松一较高下。结果呢，老虎没被打死，倒是武松被老虎追得东躲西藏。后来，"不高兴"追不到武松，竟然连"没头脑"这个观众也不放过。于是出现了滑稽的一幕："没头脑"在前边跑，"不高兴"在后边追，两个人从顶楼直滚到一楼，跌得鼻青脸肿。通过这次教训，两个人才认识到马马虎虎、任性妄为真是害人不浅啊！于是，两个人决心改正自己的毛病。最后，他们又回到了儿童时代。

二、主题解读

这部影片风趣幽默，没讲什么大道理，却能让孩子乃至大人都感同身受，为什么？因为几乎每个人都有过丢三落四的经历。小孩子生活经验不足，做事考虑不周，难免会丢三落四。大人呢，有时候是性格使然，有时候是记忆力退化，也容易出现忘这忘那的情况。因此，从"没头脑"身上，我们常常

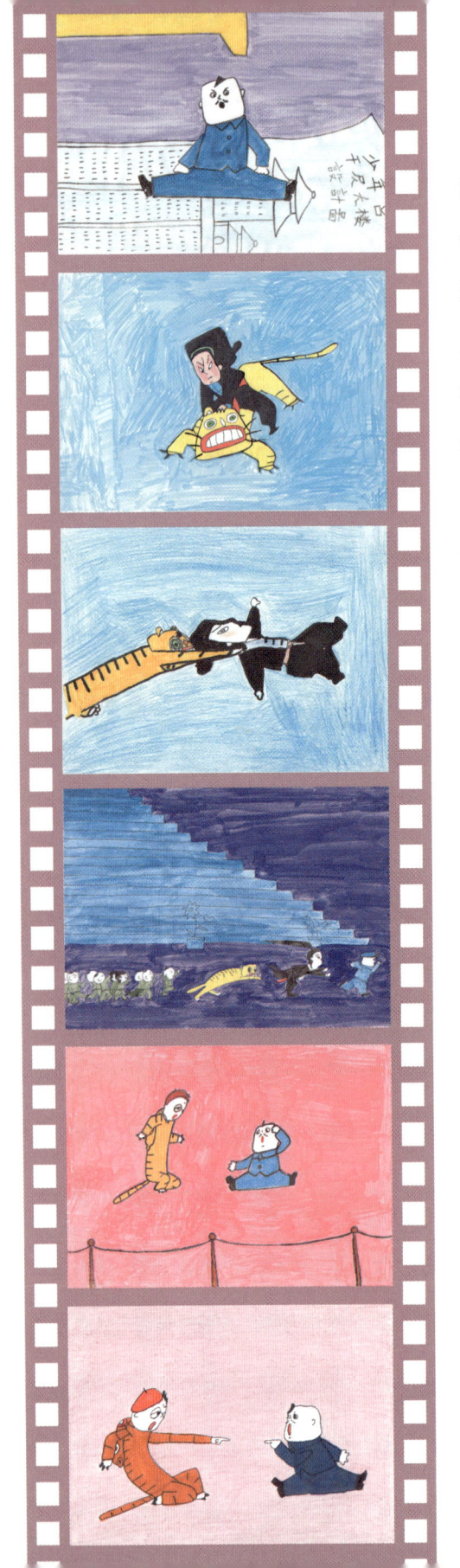

能看到自己的影子。再说"不高兴",每个人在人生的最初阶段都是"利己的",这是生存的需要。儿童在六周岁之前,正处于"自我中心"阶段,自然容易我行我素。即便成人以后,也有不少人只考虑自己。有句俗话说得好:"各人自扫门前雪,哪管他人瓦上霜。"所以"不高兴"也是有"群众基础"的。但是,一个人要融入社会,如果只为自己考虑,由着自己的性子来,难免会发生这样那样的冲突,最终,自己的利益也难以保障。社会分工越精细,越需要合作,越需要自我约束,全盘考虑问题,这是不言自明的道理。

要说改掉这两个毛病还真不容易。说教很难解决问题,怎么办呢?最佳的办法是让有这种毛病的人亲身经历一下,吃点苦头。"老师教不好的,生活可以教好。"所以,影片中设计了"没头脑"和"不高兴"成人以后的情节。这不仅是剧情发展的需要,也暗合了教育的规律。教育效果如何呢?在影片中,"没头脑"一边爬楼梯一边责怪自己,"不高兴"最后倒在地上,摔坏了胳膊,两人都后悔莫及。可见，亲历胜过说教百倍。不论是老师还是家长，在教育孩子的时候，不妨也让孩子去亲历，去承受自然结果。这样的成功案例比比皆是。比如有的孩子天冷了不想添衣服，那就让他冻一冻，尝一尝寒冷的滋味。有的孩子总是赖床，那就让他承受晚起迟到带来的后果。当然，这种教育有个前提，不能对身体造成太大的伤害，不能危及他人的利益。

在实际生活中，我们不可能像动画片中那样让孩子长大后再返回去，但是我们可以引领孩子模拟成长。这时候，电影的魅力就显现出来了。在看电影的过程中，孩子们会自然地通过角色自居的方式认识自己，仿佛自己也跟着"没头脑"和"不高兴"一起长大过，一起爬过楼、挨过摔，当然会受到教育。

该片从另一个角度也说明对孩子进行严谨做事、善于合作的教育是一件多么重要的事情。小孩子因为社会角色的原因，有点小毛病铸不成大错。但是，如果身居要职，还像"没头脑""不高兴"那样，不知道会给国家和社会带来多大的危害。这样的例子也不少。

有过则改，善莫大焉；过而不改，是谓过矣。最终，如果能让学生明白严谨合作的重要性，这部电影的德育目标也就达成了。

电影对对碰

一、观影准备

1. 小调查。

（1）你的身边有没有做事丢三落四的人？在他身上发生过哪些有趣的事情？

（2）在你认识的人中，有没有做事只图自己高兴的人？他和其他小朋友相处得怎样？

2. 忆一忆。

回忆一下，自己在学习和生活中有没有粗心毛躁和任性而为的毛病。如果有，这些给你带来了哪些不良后果？

二、电影沙龙

1. "没头脑"是个怎样的孩子？从哪里看出来的？

提示："没头脑"做事总是丢三落四，马马虎虎，不能善始善终地完成一件事。长大后他设计了一座千层楼，少了一层不说，还把喷水池搁在了门厅中间，最要命的是，这么高的大楼，居然没设计电梯，要上顶层看节目，得走上一个月，让每个看节目的人都深受其苦。但是他懂礼貌，能知错就改，仍然不失为一个好孩子。

2. "不高兴"是个怎样的孩子？从哪里看出来的？

提示："不高兴"做事喜欢由着自己的性子来，不懂得与人合作。"不高兴"最常说的三个字就是"不高兴"，不管别人的话对不对，有没有道理，他一律以"不高兴"应对。同学们看他棒子耍得精彩，让他再来一段，他说"不高兴"；表演《武松打虎》的时候，让他演老虎，他说"不高兴"；扮演武松的演员提醒他该被打死了，他还是那三个字——"不高兴"。就是因为他的不高兴，做什么事都看上去别别扭扭的，最终害了自己：先是耍竹竿掉水里，后来表演《武松打虎》直接把胳膊摔伤了。

3. "没头脑"和"不高兴"有个共同的特点——都认为被人提醒是小题大做，小时候的小毛病不影响长大了做大事。真的如此吗？

提示：事实证明，小时候的毛病并不会自动消失，如果不能及时改正，这个小毛病长大后就有可能酿成大灾难。所以，身上有不足，就要从现在开始改起，不能想当然地认为毛病会随着年龄的增长自然消失。

4. 如果不让"没头脑"和"不高兴"亲历长大后的事情，只靠老师的说教效果好吗？

提示：亲历的感受最为亲切，也最具有教育性。

5. 从"没头脑"和"不高兴"身上，你看到了谁的影子？在他们身上发生了哪些有趣的事情？

提示：从身边的人入手，更能真切感受丢三落四和任性而为的害处。

6. 想一想，你自己身上有没有发生过类似"没头脑"或"不高兴"的事？如果有，你今后打算怎么做？

提示：德育电影的最终目的在于反躬自身，只有在与自我的对话中，才能让教育落到实处。

三、趣味活动

1. 演一演。

如果你在现场，看到了长大后的"没头脑"或"不高兴"的狼狈下场，你想对他们说点什么？

提示：表演可以分三个轮次，先师生合作表演，再生生表演，最后全班展示。

2. 编一编。

想一想，重新变回小孩子的"没头脑"和"不高兴"会发生怎样的变化？

提示：可以结合具体的场景来说，比如：绘画课上，"没头脑"会怎么做；同学请"不高兴"表演时，他会怎么说；等等。

拓展延伸

1. 合作写绘。

选取影片中最感兴趣的内容，两人一组合作完成一份写绘作业。一个负责画画，一个负责给画面配文字。注意做好动作、神态、文字布局等细节处理。在合作的过程中，要注意在交流的基础上发挥两个人的智慧，争取获得"写绘创意奖"。

2. 资源链接。

(1) 推荐一部动画片，名字叫《小马虎》，讲的是马小虎在小猴的带领下漫游马虎国的趣事。快去看一看吧！

(2) 有一首儿歌，名字叫《粗心的小画家》，很有意思。读一读吧。

粗心的小画家

丁丁是个小画家，红蓝铅笔一大把。画只螃蟹四条腿，画只鸭子尖嘴巴，画只小兔圆耳朵，画匹大马没尾巴。哈哈哈，哈哈哈，真是个粗心的小画家。

(本文插图：山东省东营市利津县汀罗镇中心小学　胡育涵、盖清妍、赵紫涵、杨秋月、刘萱、崔珑耀、周淑彤、罗万萱、赵慧琪、刘雨汐)

温暖坚定,爱与传承
电影《小绳子》

□ **谭振霞**（山东省东营市胜利河口第一小学）

导演：佩德罗·索利斯·加西亚

类型：动画

制片国家／地区：西班牙

上映年份：2014 年

德育主题

"关爱"是人世间最温暖的力量,爱心是生命的火焰。很难想象,一旦这个世界没有了爱心,那将会是什么样子。冷漠、虚伪、欺骗、仇恨将充塞每个人的胸膛,这样的世界注定是死寂的、没有活力的。谁都希望拥有同情、善良、关爱之心,因为爱心会让这个世界充满阳光和色彩。

爱是一种真心的宽容和奉献。爱别人,就像爱自己。这是一种修养,也是一种美德。爱心会为我们撑起一片蔚蓝的天空。唤醒你的仁爱之心,让你的美好心灵升华,并学会用行动表达对别人的同情与关爱,这样你就会得到别人的认可和尊重,同时,它也会让你更加出彩。

电影赏读

一、情节回顾

《小绳子》根据真实故事改编,耗时3年创作完成,时长11分钟,拍摄手法非常细腻,每一个画面都在向我们传递着一种美好和感动。这部动画短片,2014年获得西班牙戈雅奖最佳动画短片,2016年破吉尼斯世界上获奖最多动画片世界纪录,2017年获得世界动画杂志最佳专业CG奖。西班牙文化部将此片列入教育行业必看短片之一。

这部动画片,讲述了一个脑瘫男孩和一个名叫玛莉亚的女孩之间温暖而悲伤的故事。一所孤儿院里,来了一位新同学,他看起来比较奇怪,浑身不能活动，也不能说话，小朋友们都嘲笑他，没人和他玩耍。唯独一位小女孩例外，她的名字叫玛莉亚，乐观如天使一般的玛莉亚向小男孩伸出了友谊之手。她用绳子带动他的腿，教他踢足球，实现了他的足球梦。她还用绳子帮小男孩完成了很多他这一生想都没想过的事情，如拍手掌、放风筝、角色扮演、跳舞……玛莉亚的善良、耐心与爱心，一直通过绳子连接到小男孩身上，他们度过了一段幸福时光。可是小男孩最终仍抵不过病魔折磨去世了，只给玛莉亚留下了轮椅上的一截绳子。玛莉亚悲伤而坚定地将绳子缠在了自己的手腕上，就像延续着美好和希望。20年后，特殊教育中心来了一位青年女教师，手腕上缠着绳子，她正是玛莉亚。

二、主题解读

即便命运不公，美丽的意外却使我们邂逅；一根绳子的牵引、维系，使灵魂在摩擦碰撞中绽放出绚烂的烟火，两个孩子懂得了爱与被爱，创造出一个又一个奇迹。两颗稚嫩单纯的心灵因一截短短的小绳子成为无与伦比的牵系，超越言语和行动，在彼此截然不同的生活里播撒希望与想象。

在短片中，小绳子贯穿了整个故事，它并不仅仅是道具，更是爱的象征。全片围绕绳子进行了大量的情节描写：玛莉亚和男孩玩耍时需要牵动绳子；绳子的两端，分别拴着两个孩子的手和脚；男孩去世后在轮椅上留下一截绳子；20年后玛莉亚当特殊学校的老师时，手腕上也缠着一根绳子……因为这根不起眼的小绳子，玛莉亚和小男孩联系在了一起，让我们感觉到暖意流动。每一帧画面，都洋溢着爱的味道。

绳子本身，具有在关系中"连接"的内涵象征，如果没有爱，就没有紧密的连接，所以，在短片中，我们看到了玛莉亚对男孩无微不至的照顾，她用绳子作为工具，和男孩一起玩耍，她替男孩考虑，想男孩所想，就像亲人一样。尽管陪伴无法延续，生命的温度却被完全保留在那截绳子上，永远真实而深切地彰显着爱的内涵与精神价值。

电影结尾，男孩虽然去世了，但是和玛莉亚的情谊永存。更为重要的是，因为这份爱的情谊，使得长大后的玛莉亚来到了特殊教育中心做一名老师——她的手腕上缠着一段绳子，这是爱的延续。

其实，每个人的手腕上都缠有一截隐形的绳子，有人把它分割成好多段，送给那些友善的面孔；有人终其一生都不知道这件事情。天使不一定都有翅膀，但身上一定有根白色的羽毛。

电影对对碰

一、观影准备

1. 你有好朋友吗？平时你们如何相处？当朋友遇到困难时，你是怎么做的？

2. 回忆一下，在你的生活中，有没有碰到过残疾人？他们的生活怎么样？周围的人对他们的态度如何？

二、电影沙龙

1. 当小男孩来到孤儿院后，同学们都是如何对待他的？

提示：他成了同学们眼里的"怪物"，座位两边的同学都不想理他。只有小女孩玛莉亚对他表现出热情和友好，下了课主动和他打招呼，问他："你叫什么名字？"意识到他不会走路、说话，玛莉亚虽然觉得奇怪，一转头又天真地教他摆动胳膊，一字一句说"你好"。同学们都说："玛莉亚真奇怪。"

2. 奇怪的玛莉亚带着奇怪的轮椅男孩，都做了哪些看起来"奇怪、幼稚、无用"的事情？

提示：比如：把绳子绑在他的右脚上，教他踢足球；玩巧克力拍手游戏，带他一起摆动手臂做操；还带着小男孩去放风筝、捉迷藏，讲故事给他听，和他扮演童话人物；等等。

3. 小女孩玛莉亚是个怎样的人？从哪里看出来的？

提示：小女孩玛莉亚是一位天使般的女孩，她主动去问小男孩叫什么名字，对他表示欢迎。当她意识到小男孩不能说话、不能走路时，她并没有走开，而是继续和他说话。她很善良，主动说要教小男孩，如果想动手要怎么做，如果想说话要怎么做。她非常有同理心，发现小男孩不能动后，她还说自己胳膊痒的时候都无法忍受，问小男孩是怎么挠痒痒的。玛莉亚很聪明，小男孩坐在轮椅上，但是她教小男孩跳绳。她先把绳子一端系在墙上，自己手拿着另一端，然后把绳子挥舞过小男孩的头顶，再去推轮椅滚过地上的绳子。

4. 小男孩在玛莉亚的陪伴下过得怎么样？最后的结局如何？

提示：这可能是小男孩生命中第一次做这些事情。小男孩从一开始的满眼惊讶，到后来的满眼带笑，眼睛里渐渐有了亮晶晶的神采，两人成了很亲密的朋友。但是小男孩的病情日益严重，后来已不能去外面玩。玛莉亚就在教室里播放音乐，把小男孩扶起来抱住他，轻轻地摇晃。最终小男孩还是去世了，玛莉亚默默地转身离开，带着小男孩轮椅上的一小截绳子。

5. 玛莉亚为什么要带走那一小截绳子？

提示：玛莉亚陪伴小男孩玩的各种游戏，都是在绳子的协助下完成的。玛莉亚的善良、耐心与爱心，一直都是通过绳子连接到小男孩身上的。这也是两个人在四季轮回中相互陪伴的见证。20年后，玛莉亚成为特殊教育中心的一名老师，她的手腕上依然系着年幼时的那根绳子。她没有丢失内心的天真和热情，在小绳子的牵引下，她化悲伤为力量，用爱治愈更多像儿时玩伴那样的"特殊儿童"，把这份美好和希望永远地传递下去。

6. 从这部电影中你学到了什么？

三、趣味活动

1. 说一说。

如果你是玛莉亚，你会用绳子帮小男孩完成哪些事情？

2. 玩一玩。

同学之间交流各种绳子游戏。

拓展延伸

1. 电影推荐。

选取电影中最感兴趣的片段或感触最深的情节，向人推荐，注意组织好自己的语言，说清楚自己要表达的观点，争取获得"最佳推荐奖"。

2. 好书推荐。

绘本《不一样的大卫》，作者是海伦娜·卡拉杰克。

大卫，一个患有唐氏综合征的小男孩，一个有着自己的欲望、恐惧和期许的孩子。在生活上，因为大卫的不一样，他的家人面临着重重困难，但他们并没有放弃大卫，大卫也为家人带来了欢乐。因为大卫，家人更加团结，更加坚强。大卫也因为这些爱而快乐成长。我们不应该以异样的眼光看待那些像大卫一样"特殊"的孩子，更多的包容和爱才是对待他们的正确方式。

向往美好，爱好整洁
电影《邋遢大王奇遇记》

□ 张雯雯（山东省东营市胜利友爱小学）

导演：钱运达／阎善春

类型：动画

制片国家／地区：中国

上映年份：1987 年

德育主题

根据小学低年级学生的年龄和心理特点，要教育和引导学生养成良好的学习和生活习惯，让他们能够明辨是非，向往美好，爱好整洁。影片中的主人公邋遢大王正是经历了从懵懂无知到明辨道理的过程。通过这部影片，引导学生反思自己的日常生活习惯，并对学生进行爱护周围环境的教育。

电影赏读

一、情节回顾

故事的主人公是一个小男孩，因为他不讲卫生，乱扔废物，吃脏东西，所以大家叫他邋遢大王。老鼠王国的密探尖嘴鼠在他喝的橘子水里投下药丸，邋遢大王喝了以后，一下子变成与老鼠一样大的小人。他被尖嘴鼠诱惑着来到老鼠王国。他不愿待在那里，几次逃跑，无奈老鼠王国兵将众多，最后还是被关了起来。邋遢大王决心逃出监牢，把"秘密细菌"的事报告给地面上的人们。在善良的小白鼠的帮助下，他几经周折与磨难，终于找到了秘密地图。不料又一次被鼠王布下的埋伏捉住

了，可怜的小白鼠也被推下了万丈深谷。鼠国博士高兴地在邋遢大王身上做实验，由于忠实的小猫、小狗偷偷地把药品装进口袋，鼠国博士的实验以失败告终。鼠王要杀邋遢大王，正巧鼠国公主即将出嫁。公主利用邋遢大王的才能为自己操办像人间一样的婚事。邋遢大王巧妙地用爆竹替代礼花，把老鼠王国炸塌了。他带着共患难的小猫、小狗回到了地面。当邋遢大王尝到了邋遢的苦果后，从此再也不邋遢了。

二、主题解读

这是一个贴近孩子生活并且颇有冒险精神的故事。它带领我们见识了丑陋可怕的老鼠王国，那些形形色色具有特异功能的特种老鼠，以及狂妄到几乎神经错乱、一心想当地球"球长"的鼠王，还有令人笑破肚皮的老鼠学校。在巧妙地解开难度极高的智慧锁、冲破重重阻碍以后，邋遢大王在有正义感的小白鼠和小花猫、大黄狗的帮助下，彻底挫败鼠国博士企图用人体实验最新病毒的阴谋，并利用老鼠公主的荒唐婚礼，用鞭炮炸毁了整个老鼠王国，回到阳光灿烂的人类世界。他从此再也不会邋遢了。但看完电影后，我们陷入深思，这个故事仅仅是一个关于讲卫生的故事吗？

邋遢大王一开始是一个不讲卫生的小男孩。他之所以会这样肯定有多种原因，有可能是家庭原因。影片自始至终都没有出现邋遢大王的父母，让人不得不想，孩子这种不讲卫生的习惯极有可能是因为父母没有对他进行过这方面的教育。他对自己邋遢这件事，不但不以为耻，反以为荣，觉得"大王"也是"王"。因此，影片一开始的立意应该是想通过这个影片纠正孩子们身上不爱讲卫生的习惯。但是从影片中，可以看出邋遢大王从一开始对尖嘴鼠是不屑与之为伍的。不过又抵制不住尖嘴鼠一次次的诱惑和挑衅，终于跟着来到了地下的老鼠王国。这也反映出孩子们会被不良的人和环境影响。但是邋遢大王自始至终都能对老鼠的不光彩行为明辨是非。比如老鼠偷东西和骗人的行为，他都十分清楚这是不对和不好的。他一次次地想要逃出去，却遇到形形色色的老鼠。在每一次的冒险中，又可以看出他身上的很多优良品质。同时，邋遢大王面对困境又积极地寻找各种办法解决问题。

教师和家长要引导孩子们发现主人公身上的闪光点，引导他们正确地面对诱惑和困难，养成诚实勇敢、乐观向上、有责任心的品质。电影虽然只有不到两个小时的时间，却有很多教育意义。

电影对对碰

一、观影准备

1. 观看电影开头 5 分钟，展开讨论，你有没有这种情况？或者身边的人有没有这种情况？

2. 观看电影结尾 5 分钟，反思：为什么邋遢大王会有这么大的改变？

二、电影沙龙

1. 观看电影开头5分钟，一起来讨论，刚开始的邋遢大王是怎样一个孩子？

提示：邋遢大王不讲卫生，对别人的评价根本不在乎，但是对一切事物比较好奇，所以才会落入尖嘴鼠的陷阱，进入地下老鼠王国。

2. 对于老鼠王国偷来的物品，邋遢大王是怎样的态度？从中可以看出他是一个怎样的孩子？

提示：对于老鼠们偷东西这件事，邋遢大王认为是不光彩的，不好的。老鼠们却不这样认同，邋遢大王察觉出来老鼠们不讲理，想要回家。从而可以看出，邋遢大王的是非观还是十分正确的，知道什么是对的，什么是错的。虽然落入了危险的境地，但是他并不害怕，而是积极面对，并想办法解决遇到的困难。

3. 邋遢大王什么时候开始决定不邋遢了？原因是什么？

提示：当他见到鼠王时，见识了邋遢和肮脏的麻烦，就知道了自己曾经的不好，所以说出自己再也不想邋遢的想法。

4. 当他遇到小白鼠后，一开始是什么样的态度？后来态度发生了什么改变？

提示：一开始他对小白鼠是不接受的，认为它和其他的老鼠没有区别，但是经过

对小白鼠的观察，发现它是善良的，跟其他老鼠完全不一样的，决定接纳它。到后来，两个人甚至成了好朋友，并且准备一起逃离老鼠王国。

5.在整个冒险过程中，邋遢大王有了哪些收获和改变？

提示：首先他对事情和人的对错有自己的判断，其次能够动脑筋解决遇到的困难。每当自己遇到困难，都会想出各种办法去解决，而不是听天由命。他还在自己逃亡的过程中，救出了同样被困住的小猫和小狗。在这次冒险过程中，他一次次地发生变化，往勇敢、乐观的品质一步步靠近。

三、趣味活动

演一演电影中邋遢大王在生活中遇到的困难，说说如果是自己会如何解决。

拓展延伸

推荐电影《宝葫芦的秘密》。电影改编自中国著名儿童文学作家张天翼的同名作品。小学生王葆是一个天真活泼、富于幻想的少年，当他在学习上碰到困难或在课余生活中遇到不顺的时候，就幻想有一个神奇的宝贝来帮他轻松地实现目标，但是这种不劳而获也给王葆带来了困惑。最后，王葆知道，依靠自己的努力获得的成功才是最踏实可靠的。

（本文插图：山东省东营市胜利友爱小学　王宁、许传慧）

诚信做人，言行一致
电影《匹诺曹》

□李海霞（山东省东营市胜利第五十五中学）

导演：马提欧·加洛尼

类型：童话／奇幻

制片国家／地区：意大利／英国／法国

上映年份：2019年

德育主题

诚实守信是美好品质，内诚于心，外诚于人。诚实守信是中华民族的传统美德，是一个人立足社会的基础，也是一个人应有的基本道德品质。小学生应养成诚实守信的道德品质，以诚实守信为重点加强思想道德修养，讲信用，讲道德，诚信做事，诚信做人。

电影赏读

一、情节回顾

匹诺曹从一根质量上乘的圆木里诞生，老木匠戈佩托赋予了他鲜活的生命。他降生伊始，就陷入贫穷的境地。老木匠戈佩托把匹诺曹看成自己的孩子，这个孩子让老戈佩托从贫苦中品味到了快乐生活的滋味，一个木偶让老戈佩托成为有责任心的父亲。这个父亲带着他的孩子在贫困中挣扎，他为了给匹诺曹买上一本识字课本，当掉了自己赖以御寒的外套和马甲。当匹诺曹卖了识字课本，换了去木偶戏班观看表演的门票时，身穿单衣的老戈佩托在寒风里冻得瑟瑟发抖。与木偶戏班里的提线木偶们相比，匹诺曹总归是自由的。匹诺曹身上没有线，他不是作为表演用的木偶，他是人类的孩子。在对戏班的班主讲述了自己的故事后，匹诺曹打动了班主，得到了五枚金币的馈赠。匹诺曹的五枚金币引来了猫和狐狸的窥伺。处于成长中的匹诺曹是弱小的，弱小到尚且不能辨清简单的善与恶、好与坏，这让猫与狐狸的诡计得逞，骗走了匹诺曹所有的金币。匹诺曹被仙女救了下来，对于一个成长中的孩子来说，与仙女相处的这段时光是他难忘的经历。匹诺曹在同学的引诱下前往传说中的"玩具之乡"，在那里，可以尽情地玩乐、嬉戏，没有师长的训斥、功课的压力。深陷"玩具之乡"的孩子们在无所顾忌的玩耍中显露出意志薄弱的一面，连同匹诺曹在内，孩子们在"玩具之乡"的魔咒下变成了驴子。成了驴子的匹诺曹被卖给了马戏团，第一场演出就瘸了腿。失去了演出价值的匹诺曹被马戏团班主丢进了大海。在海水的冲刷下，匹诺曹恢复了原貌，这是广袤的人生之海，鲨鱼、风浪作为途中必然遭逢的劫难，助力匹诺曹的成长之旅。影片在匹诺曹与老戈佩托的重逢下走向光明的尾声。亲历了苦难，匹诺曹有了血肉与灵魂，他不再是一根贫乏、无知的木头。他开始成长，饱满得有了生气。这是人性的底蕴，给木偶匹诺曹注入了生命之光，让匹诺曹完成了从木偶到一个真正的孩子的转变。

二、主题解读：诚实守信

影片多次讲述了诚实的重要性，《匹诺曹》的主人公匹诺曹是一个勇敢、善良但是没有主见和恒心的木偶，他一直想做一个好孩子，可是又经不起诱惑，经常逃学、撒谎、结交坏朋友，被关在马戏团，还被卖到欢乐岛，等等。

幸亏蟋蟀先生和蓝发仙女救了他，仙女告诉他撒谎会长出长长的鼻子，这时他有所醒悟，但还是经不住坏朋友的诱惑，又被那两个骗子骗走，因为那两个骗子告诉他只要去了那个地方，他就会得到无穷的财富……就这样，匹诺曹经历了无数的困难，最终和自己的爸爸团聚，而且还成了一个真正的小男孩。其中最让我惊叹不已的是匹诺曹在鲨鱼的肚子里遇到自己的爸爸时，他居然带着爸爸逃出了鲨鱼的肚子，匹诺曹做的这件事让我不得不佩服他。

　　经过种种困难，他认识到了自己的错误，彻底改变了自己，勇敢地救出了爸爸。匹诺曹的所作所为感动了蓝发仙女，蓝发仙女就把他变成了真正的小男孩。

　　在生活中，我们也要像匹诺曹一样，做错了事情要认识到自己的错误，积极改正，最终成为诚实勇敢的孩子。要知道，犯错误不可怕，可怕的是犯了错误不知道改正。诚实守信是中华民族的传统美德，是一个人立足社会的基础，也是一个人应有的基本道德品质。小学生应养成诚实守信的道德品质，以诚实守信为重点加强思想道德修养，讲信用，讲道德，诚信做事，诚信做人。

电影对对碰

一、观影准备

1. 观察一下身边的独居老人，体会他们孤独生活的不易。

2. 你有没有不诚实的朋友？你是怎样发现他说谎的？

3. 想一想：当你犯了错误后，你能不能勇敢地承认和改正？

二、电影沙龙

1. 匹诺曹是一个怎样的孩子？在影片中，他的哪些言行给你留下了深刻的印象？

提示：想让爸爸富裕起来，过上好生活；勇敢地带着爸爸逃离鲨鱼之口；推磨盘给爸爸换牛奶补充营养。他既没坏到无可救药，也没好到无可挑剔，而是和现实生活中的许多孩子一样，心地善良、聪明伶俐，但又缺点多多。

2. 影片最后蓝发仙女为什么会施魔法把匹诺曹变成真正的男孩？

提示：亲历了苦难，匹诺曹有了血肉与灵魂，他不再是一根贫乏、无知的木头。他开始成长，他面对困难付出的真诚和努力得到了蓝发仙女的认可。这是人性的底蕴，给木偶匹诺曹注入了生命之光，让匹诺曹完成了从木偶到一个真正的孩子的转变。

3. 感受一下父母的爱。

提示：这世间，没有比父母的爱更加单纯、更加无私、更加伟大的了。除了父母的爱，基本上所有的爱都是附加了条件的爱。父母是世界上最爱我们的人，所以请不要伤害他们。

三、趣味活动

1. 讲故事。

讲一个诚信的好故事，跟爸爸妈妈分享。

2. 演一演。

邀请父母或同学表演一下匹诺曹和狐狸、猫的桥段，体会一下坏人的丑恶嘴脸，在讲诚信的同时提高防骗意识。

拓展延伸

写作延伸：设想一下匹诺曹变成真正的小男孩后，父子俩对未来生活充满了期望，他们会过上怎样的生活？

提示：可以从稳定收入、改掉坏习惯、积极学习等方面思考，保持身心健康也能让生活更加幸福美好。

第二板块 传统文化与家国情怀

01 知节日

02 有爱心

03 明责任

04 确身份

05 守良善

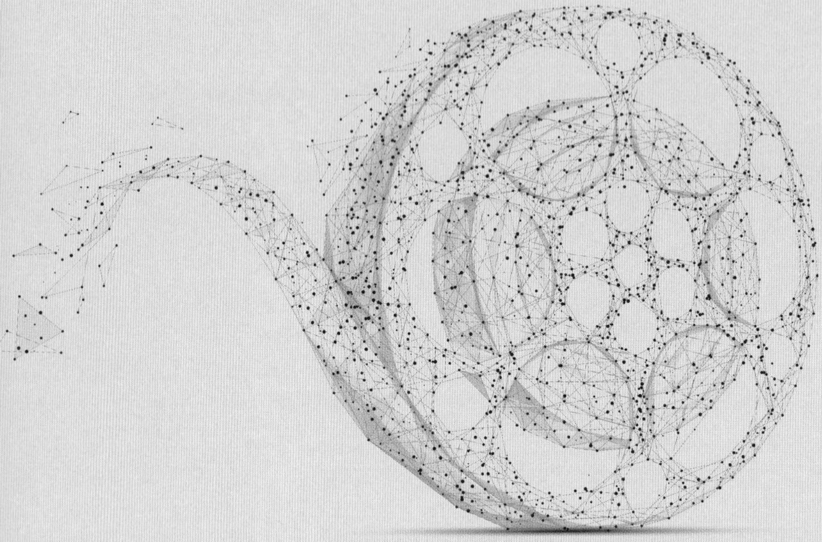

中国节，中国魂
电影《除夕的故事》

□ 延惠芳（山东省东营市河口区仙河镇中心小学）

导演：钱家骍

类型：动画／传统文化

制片国家／地区：中国

上映年份：1984 年

德育主题

春节作为中华民族最重要的传统节日，蕴含着我国传统文化的精髓，承载着中华民族的民族精神、民族情感和思想精华。习近平总书记向来对中华传统节日和中华传统文化十分重视，多次强调中华优秀传统文化的宝贵价值和独特作用，赋予时代内涵，推动中华优秀传统文化的传承、创新和发展。习近平总书记说过：中华优秀传统文化是中华民族的文化根脉，其蕴含的思想观念、人文精神、道德规范，不仅是我们思想和精神的内核，而且对解决人类问题也有重要价值。

电影赏读

一、情节回顾

中国民间传说中有一个叫"夕"的怪兽，每年冬天都会闯入农户，抢夺食物。百姓向灶王爷求救，灶王爷打不过它，"夕"就命令农户腊月三十准备好食物，否则就要把他们全部吃掉。

百姓们给灶王爷准备了糖瓜，请他上天请天神来打败"夕"，灶王爷乘着炊烟来到天上，进了天门，遇到了神农，向他说了人间百姓

遭难的情形，请求神农派天神下凡。神农的孙子——"年"主动要求下凡除"夕"，灶王爷嫌他年纪小，但是神农送给"年"一件宝贝——红绸，允许"年"下凡除"夕"。

"年"来到人间，看到"夕"正在欺负百姓，就制止了它的举动，并和"夕"打了起来。但是"年"与"夕"打了几个回合，不分胜负。"年"甩出神农爷爷给的红绸，"夕"就被吓跑了。但是"年"和灶王爷刚刚聊了几句，"夕"就又回来祸害百姓了。

"年"就用焰火攻击"夕"，同时灶王爷组织百姓用点燃的竹子一起为"年"助威。最终，"年"和大家用红绸和爆竹把"夕"除掉了。百姓们感谢灶王爷，灶王爷归功于"年"，"年"说是大伙齐心打败了"夕"。百姓向"年"请求家家户户有一条红绸，"年"就使用法力，在家家户户的门上贴了两个红绸，窗上贴了窗花。

为了庆祝这次胜利，人们把腊月二十九日或三十日定为"除夕"节，为

了纪念"年"的功绩,就把正月初一定为"过年"。烧竹竿变成了放鞭炮,挂红绸变成了贴对联,这些年俗就逐渐形成并流传下来了。

二、主题解读:家国情怀

传统节日是中华民族的共同精神家园,是国家非物质文化遗产的重要载体,传承和弘扬传统节日,是铸牢中华民族共同体意识的重要举措。不断挖掘传统节日背后的精神内涵,对于弘扬传统文化有着非常重要的意义。

春节、元宵节、清明节、端午节、中秋节、重阳节等是中华民族的传统节日,是中华传统文化的重要组成部分。以春节为例,春节不仅意味着团圆,还包含着除旧迎新、祈福新年、惩恶扬善、家庭和睦、社会祥和等多方面的意义,是中国传统家庭文化的集中体现。春节的饺子、灯笼、对联、社火、守岁、年夜饭,早已成为中华民族的习俗,是中华民族面向世界的名片。只要我们重新认识传统节日,不断发扬传统文化,那么几千年来中华民族沉淀下来的历史文化传统，必将在新时代焕发出勃勃生机，为我们的社会主义建设贡献新的时代智慧。

中国人自古以来就有家国情怀，家是最小国，国是千万家。在家尽孝、为国尽忠是中华民族的优良传统。正如影片中"年"所做的，他虽然年纪小，仍然以天下苍生为重，毅然面对除"夕"的挑战，成就了少年英雄的传奇。新的时代呼唤英雄，新的中国需要少年，少先队员需要通过观看爱国主义电影，涵养家国情怀，从小立下报效祖国的雄心壮志。因为没有国就没有家，没有国家的统一强盛就没有家庭的美满和个人的幸福。舍小家，顾大家，正是五千年来中华优秀儿女的共同选择。我们要大力弘扬家国情怀，提倡爱国爱家，用优秀传统文化和历史故事，不断激励少先队员努力学习、健康成长，坚定"四个自信"，为中华民族的伟大复兴，做出新的更大的贡献！

电影对对碰

一、观影准备

1. 各地年俗。

广东：部分地区春节第一餐要吃"万年粮"，即做好足够春节三天家人吃的饭菜，寓意"不愁吃喝"。潮汕地区春节会吃菜粿、腐圆、酵包、管煎、五果汤，寓意"生活甜美，源远流长"。初四夜里，家家要点一盏灯，准备一缸水，叫作"等神水"。

广西：按壮家独特的春节习俗，要进行挑新

水、喝伶俐水、舞狮、舞鸡、舞春牛等活动。

甘肃：有新年舞社火的习俗，社火是一种载歌载舞、体裁多样、种类繁多的综合表演艺术。

辽宁：大年三十要点长寿灯，彻夜通明。大年三十到正月十五元宵节，家家都要挂红灯笼。

黑龙江：大年三十晚上一定要吃饺子，还要包上几个带有硬币的。初五这天也一定要吃饺子，也称"破五"。

福建：农家的房门两侧要放置甘蔗，叫"门蔗"；厅堂中案桌摆有隔年饭、长年菜、发糕，并插上用红、黄两色纸扎的"春枝"。

山西：除夕之夜，家家通宵不眠，俗称"鏖岁"。鸡鸣之时，开始焚香、燃灯、摆供品、放花炮、接神、祭祖，然后合家互相拜年。

山东：各地一般由家长首先起来"发纸"，开门前先放一挂鞭炮，然后才能说话。春节的第一顿饭是吃饺子。煮饺子时，要鸣放鞭炮。为驱邪恶、求吉利，有的地区烧火煮饺子要用芝麻秸，意味着新的一年像芝麻开花节节高，日子越过越好。

2.传统年画。

年画是中国绘画的一种，始于古代的"门神画"，是中国民间艺术之一，亦是常见的民间工艺品之一。年画是中国特有的一种绘画体裁，也是中国农村老百姓喜闻乐见的艺术形式。大都用于新年时张贴，装饰环境，含有祝福新年吉祥喜庆之意。比较有名的是天津杨柳青、山东杨家埠、苏州桃花坞等著名的年画。

3.年的传说。

据说年兽头大身小，身长十数尺，眼若铜铃，来去如风；嚎叫时发出"年"的声音，故名年兽。时间一久，人们渐渐发现年兽害怕三样东西，即红色、火光和巨大的响声。于是人们在除夕年兽将要到来的时候就会聚到一起，贴红纸（后来逐渐改为贴桃符或贴红对联）、挂红灯笼、放鞭炮等，目的就是赶走年兽。当年兽被赶走以后，人们总是会高兴地互道："又熬过一个年了。"慢慢就有了过年的说法，也由此出现过年的习俗。

二、电影沙龙

1. "年"是一个人？在影片中，他的哪些言行给你留下了深刻的印象？

提示：首先他是一个少年，满满的元气，初生牛犊不怕虎，敢于面对一切挑战，主动承担了除"夕"的任务。其次他是一个关心百姓疾苦的天神，听到灶王爷对人间百姓所受苦难的描述，一种天然的同情心驱使，让他打抱不平，下凡除"夕"。最后他还是一个不居功自傲的人，面对百姓和灶王爷的称赞，他把胜利归功于大家的齐心努力。这三点都值得我们学习。

2. "年"制服"夕"的法宝是什么？后来转化成了什么年俗？

提示："年"有焰火筒，还有红绸，"夕"害怕红色、火和爆炸声，所以被"年"打败了。后来演变成烟花爆竹和对联窗花，成了年俗的重要内容。

三、趣味活动

1. 剪窗花。

准备红纸、剪刀，选定传统窗花题材，学习剪纸，张贴在教室、客厅和卧室，增添节日气氛。例如年年有余、喜上梅梢、三阳开泰、丹凤朝阳等。

2. 写对联。

过年时，家家户户都会贴春联，准备红纸、毛笔，学习写春联，张贴在教室门口和入户门口，增添节日气氛。

例如：民安国泰逢盛世，风调雨顺颂华年。

内外平安好运来，合家欢乐财源进。

天增岁月人增寿，春满乾坤福满楼。

拓展延伸

1. 人物想象。

根据影片中的情节，设想一下，"年"返回天庭会跟神农爷爷说什么呢？

提示："年"会把灶王爷组织百姓如何帮助他除"夕"的事情讲给神农爷爷，还会把家家户户贴对联、放爆竹的情形讲给神农爷爷。神农爷爷会因为"年"的举动表扬他，夸他勇敢，关心百姓。还有可能让灶王爷给他讲几个故事，他转述给神农爷爷听。

2. 资源链接。

(1) 电影纪录片《过年》。感兴趣的同学，还可以看电影纪录片《过年》，了解真实的东北过年风俗，感受各地风情。

(2) 歌曲《万事如意》。这是一首专门写除夕夜的歌曲，歌词中充满了浓浓的祝福、浓浓的中国年的味道，演唱者用甜美的声音唱出了人民生活美好、万事如意的愿望。

(本文插图：山东省东营市河口区仙河镇中心小学　李雨竹)

纯洁可爱，勇敢高尚
电影《雪孩子》

□谭振霞（山东省东营市胜利河口第一小学）

导演：林文肖

类型：动画

制片国家/地区：中国

上映年份：1980 年

德育主题

雪孩子是理想的化身，它的心灵如同雪白的身体一样洁白，如同那一汪清水一样明澈。在《雪孩子》这部电影中，雪孩子为了救小兔子奋不顾身、舍己为人，表现了它纯洁可爱又勇敢高尚的品德，带给学生的是感动和遗憾，带给成人的则是感叹生命的可贵和友情的真挚。通过观影，让雪孩子的美好形象深印于学生心灵，认识雪的特性，激发学生学习《雪孩子》的感人精神，进而加强对学生情感态度和价值观的培养，使他们从小形成正确的价值观和积极的人生态度。

电影赏读

一、情节回顾

天气太冷，兔妈妈不能带小兔一起出去采购，但又不放心小兔独自在家，怕它孤单，就堆了个雪人给小兔做伴。于是，就有了小兔子和雪孩子的故事。

雪孩子堆好后，母子二人又精心把它装扮了一番，天真活泼的小兔子非常喜欢雪人，赋予了它灵魂，给了它生命。小兔子把它当成了自己真正的好伙伴，和着音乐，小兔子和雪孩子翩翩起舞，一起滑冰、飞翔，在雪中尽情地玩耍……冬天很冷，心却暖暖的。

后来，小兔子冷了、困了，就跑到屋里取暖，雪孩子站在门口守望着。突然，屋里的火炉把房子点燃了，而小兔子还在呼呼大睡。雪孩子不能靠近火，使劲地拍打着窗户，可小兔子就是听不到。眼看着小兔子就要被烧到了，雪孩子顾不得自己的生命安全，冲进了房间，救出了小白兔，可雪孩子自己却融化了，化成了一摊水，变成了白云……小白兔醒了之后，伤心地和她的朋友告别。

二、主题解读

童话，是一种很深沉的智慧的艺术。虽然它看起来是那么地简单，但如果我们能够从这一简单的故事背后，看到其中深邃的智慧，从而若有所思，也许就可以有更多的收获。

为什么会出现雪孩子？因为兔妈妈担心小白兔在家孤单，有了伙伴的陪伴，生命会变得更有意思。所以，才有了雪孩子，才有了和雪孩子童话般的故事。其实，雪孩子是每一个儿童的青葱梦想，是每一个小孩儿希望有的好朋友。每当大雪初降，滚雪球、堆雪人、打雪仗，这些都是必不可少的节目。小白兔的故事有很多，唯独这一次是配角，是雪孩子的配角，或者说是青葱梦想的配角。

雪孩子走了，化作一摊清水。小

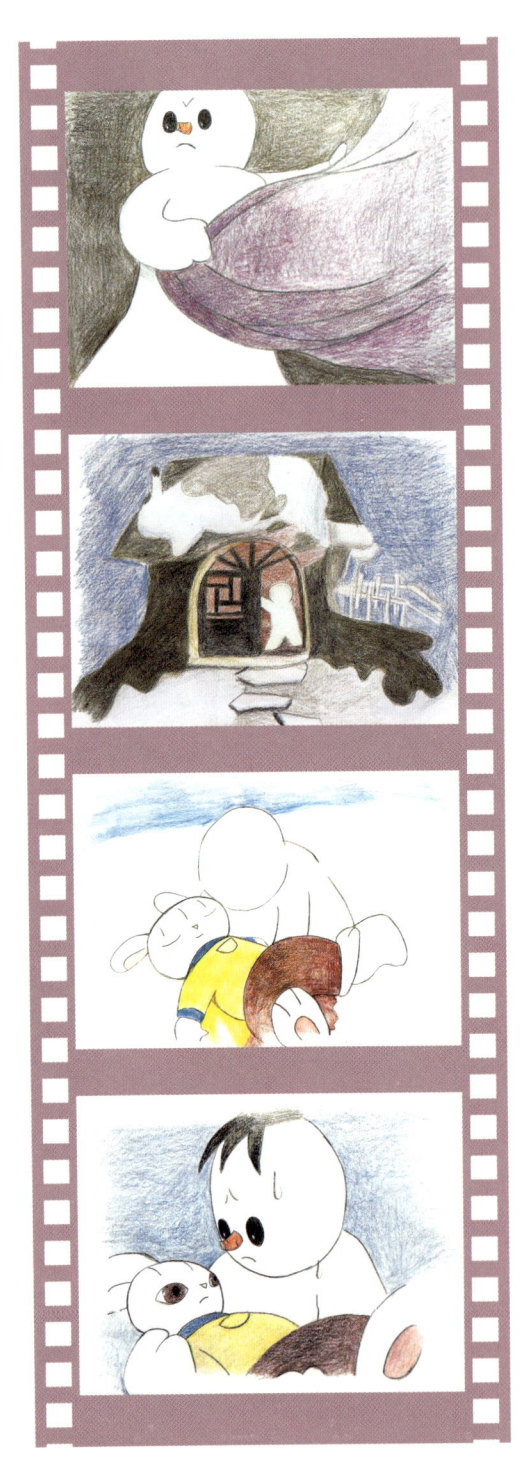

白兔很伤心，无法接受雪孩子离开的现实，和妈妈追赶着已经化为空气的雪孩子，伤心地和他告别，尤为动人。可是，正如兔妈妈所说，他会在我们心里。只要你的内心还拥有一片纯净的地方，雪孩子就一直在。可能这对小孩子来说是第一次了解什么是告别，什么是死亡。

影片中小兔子要带雪孩子回屋烤火休息，雪孩子几次躲开了。后来，真的着火了，雪孩子不顾一切地扑进大火里，雪白的身躯和火红的火焰形成了鲜明对比。雪孩子终于救出了小兔子，自己却融化了，化成一摊水。这一段让很多人眼泪扑簌簌掉了下来。雪孩子明明知道自己遇到火会融化，甚至连烤火都不敢，但他还是冲进火海中救小兔子，这是一种什么样的精神呢？这样的真善美是纯洁的、毫无瑕疵的。雪孩子的勇敢、善良和舍己为人会深深印在孩子们幼小的心灵之中，并会慢慢发芽长大，待孩子们长大成人后，会在自己的内心深处感触到。

电影对对碰

一、观影准备

提前带学生去玩雪，了解雪遇热会融化。

二、趣味活动

1. 想一想。

看到《雪孩子》这个题目，你脑海中会浮现出什么情景呢？如果让你来设计雪孩子形象，你会怎样设计？请发挥你的想象力，画一画。

2.猜一猜。

(1)兔妈妈和小兔子在做什么?

(2)妈妈走后,小白兔和雪孩子在一块儿玩了哪些游戏?他们玩得怎么样?

(3)小白兔玩累了回屋睡觉。善良的雪孩子一人在森林中做了什么?它为什么不和小兔子一起回屋里?

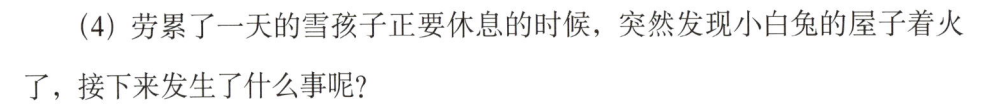

(4)劳累了一天的雪孩子正要休息的时候,突然发现小白兔的屋子着火了,接下来发生了什么事呢?

(5)雪孩子到哪里去了?它还会回来吗?

3.聊一聊。

(1)雪孩子做了哪些事情?

(2)雪孩子是小白兔的朋友吗?他们在一起玩得怎么样?

(3)雪孩子是怎样救出小白兔的?

(4)雪孩子为了救小白兔,自己却化了,成了一朵很美很美的白云。雪孩子真的就这样消失了吗?他还会不会再出现?(什么时候?什么地方会再出现?)

4.画一画。

(1)雪孩子是怎样飞到天上的?

(2)多么感人的童话故事啊!这个冬天因为有了善良的雪孩子而变得格外美丽。现在请拿起你手中的笔画一画这个美丽的冬天吧！画一画你喜欢的景物，可以画动画片中的人物，也可以画你喜欢的雪地活动……

5. 做一做。

用卡纸等材料自己动手制作电影人物形象的头饰，或者制作电影人物形象的泥塑。

拓展延伸

1. 写一写。

续编故事：《雪孩子又回来了》。

2. 读一读。

拓展阅读绘本《雪人》。这是一本无字书，《雪孩子》正是由这本书改编而来的。作者采取了多格漫画的形式，以彩色铅笔绘成全书。每一个孩子心中都有一个"雪人"，他的出现和离去也让他们欢乐和悲伤。阅读《雪人》，可以让孩子产生共鸣，想到自己身边的伙伴，想起自己和小伙伴快乐玩耍、依依分别的情景。绘本中从堆雪人到与雪人出游再到离别，除了用彩色铅笔勾勒的图画外，不着一字。画面中有浓浓的忧伤，寄予了一种情感，每一个人读到这个故事都会获得不同的阅读体验，或者是离别，或者是梦幻，也或者是温暖。绘本表达的就是离别的哀伤，故事的最后为孩子延伸了丰富的想象空间。

（本文插图：河南省郑州市金水区文化路第二小学　黄德仪，指导老师　臧易甲；上海师范大学附属闵行第三中学　酉晴）

除暴安良，惩恶扬善

电影《神笔马良》

□ 刘江莲（山东省东营市胜利河口第一小学）

导演：钟智行

类型：动画／奇幻

制片国家／地区：中国

上映年份：2014 年

德育主题

《中小学德育工作指南实施手册》指出：中小学中华优秀传统文化教育要引导学生树立以天下兴亡、匹夫有责为重点的家国情怀，形成以仁爱共济、立己达人为重点的社会关爱意识，养成以正心笃志、崇德弘毅为重点的人格修养；引导青少年学生更加全面准确地认识中华民族的历史传统、文化积淀、基本国情，认清中国特色社会主义的历史必然性，坚定走中国特色社会主义道路，实现中华民族伟大复兴中国梦的理想信念。

神笔马良这一人物形象，许多人都很熟悉，不仅仅是因为这个故事曾入选小学语文课本，更因为马良凭借神笔惩恶扬善，以自己的英勇与智慧面对各种危险与困难，保卫家乡，拯救乡亲。马良的故事蕴含了中华民族优秀传统文化教育。另外，神笔的神奇，也令人产生种种遐想，弥补了人们在日常生活中产生的种种缺憾。

电影赏读

一、情节回顾

电影版本的《神笔马良》，故事情节在原来神话故事的基础上做了较大改动，令人耳目一新。这部奇幻的动画片讲述了一个叫百花村的村庄生活着一个热爱画画又调皮捣蛋的少年——马良。有一天，一个贪婪又凶残的大将军，挟持小皇帝来到了百花村，企图将村里老百姓赶走，挖掘这儿的金矿。

泼墨仙人察觉到百花村会有一场劫难，为此特地下凡人间，把一支神笔托付给了马良，希望马良能用神笔拯救百花村。贪婪的大将军得知马良有神笔，就千方百计地要马良交出神笔。可是大将军画出来的东西都是坏的、邪恶的。原来这支神笔有股神奇的力量，只有心地善良的人才能画出好的东西。于是大将军就胁迫马良，叫马良给他画一座金山。马良借助神笔的力量，在天上画出了一座金山。马良、花灯子和马良画出的小伙伴——花鼠、花猫最终打败了大将军，使大将军变成了一座金雕像，永远地留在了金山上。最后，马良不仅没有辜负仙人所托，与朋友们一起打败敌人，还懂得了神笔的真谛，快乐健康地成长。

二、主题解读：为中华民族优秀传统精神点赞

从马良身上，我们可以感受到中华民族优秀传统精神。

马良有仁爱之心，他不仅同情、帮助乡亲，还爱护动物。他看到士兵伤害动物，就拿出自己的画笔为羊群画伪装色，让羊群隐蔽在苍翠的竹林间；当小鹿被士兵放箭射杀时，马良冒着箭矢，疾速奔跑，引开士兵注意，成功保护了小鹿。

马良还有天下兴亡、匹夫有责的家国情怀。当大将军使用种种手段，逼迫百花村村民离开家乡时，马良利用神笔解决了许多难题，化解了许多危难。贪婪又凶残的大将军使用武力威吓百花村村民搬家没有得逞时，抢夺了村民的粮食和牲畜。旺田失去大耕牛田旺，悲伤不已。马良利用神笔为旺田画了大胖牛，让大胖牛帮助旺田耕田。当大将军切断百花村水源，逼迫村民离村时，马良为村民画冰、画大茶壶装水……大将军抢夺神笔想自己画金子，却因为自己的黑心，画出大粪。大将军抓住花灯子，胁迫马良画金山。面对这些困难与危险，马良没有逃避，而是以家乡兴亡、匹夫有责的家国情怀，凭借神笔惩恶扬善，拯救乡亲。马良以自己的英勇与智慧，同邪恶抗争，展现了中华民族优秀传统精神。

马良的故事传承了中华民族优秀传统精神，宣扬天下兴亡、匹夫有责的家国情怀。热爱祖国、保家卫国、除暴安良、惩恶扬善的精神是中华民族优秀传统精神，受到人们的认同和传承。这些优秀品质也值得世人拥有。人们喜爱马良的故事，也是对这些优秀传统精神的赞同。

从马良身上，我们还可以感受到一份责任。马良面对困难与危险，没有逃避，他以天下兴亡、匹夫有责的家国情怀，保卫家乡，拯救乡亲。别小瞧他！马良虽然是一个孩子，但是他是一个有担当、有责任感的人！

　　和马良年纪相仿的小学生们如何成为一个有担当、有责任感的人呢？看了《神笔马良》后，你们深思这个问题了吗？我想，你们学会了对自己的成长负责，就会逐渐成为有担当、有责任感的人。在少年时期，小学生要对自己的学习负责；对自己的生命、健康负责；对自己的意志、品格负责；对他人说话文明，不打扰别人的工作、学习；成为热爱家乡、热爱祖国、热爱人民的小公民。做到以上几点，小朋友们离成为有担当的人就不远了。同学们请从自己身边的小事做起，努力吧！

　　马良的神笔很神奇，令人产生种种遐想，弥补了人们在日常生活中产生的种种缺憾。神笔也只有在像马良一样有担当、有责任感的人手中，才能发挥威力！祝愿每个少年早日成为有担当、有责任感的人！

电影对对碰

一、观影准备

1. 读一读，想一想，画一画。

读一读老版本神话故事《神笔马良》，读之前先猜想电影《神笔马良》的内容会和老版本一样吗？如果让你设计新的神笔，你会怎样设计？请发挥你的想象力，画一画。

2. 猜一猜。

（1）《神笔马良》电影中的神笔起到什么作用？这

支神笔帮乡亲们做了什么？

（2）电影《神笔马良》中，神笔是怎样惩治恶人的？

（3）你心目中的神笔马良是什么样子的？

二、电影沙龙

1．想一想。

（1）电影中出现了哪些人物？你最喜欢谁？

（2）神笔马良画画的能力高超吗？

（3）影片的结尾，大将军是怎样受到惩罚的？

2．说一说。

（1）你最喜欢电影中的哪一个人物？

提示：通过关注电影主人公身上的优点，引导孩子理解优秀精神品质常常是很吸引人的。答案多元，鼓励学生自主表达。

（2）电影《神笔马良》中的马良、花灯子、大将军和小皇帝分别是什么样的人？

提示：电影中的马良热爱画画又调皮捣蛋，看到如此可爱的人，观众接受了他，不是因为他是日后的英雄，而是因为他的天真可爱。他和普通少年一样，有着自己的丰富的情感。当他知道神笔会让自己变得无所不能时，他得意洋洋，四处夸耀。这点并不令人讨厌，反而让观众感受到马良并不是神人，他被大家接受。当贪婪又凶残的大将军使用武力和各种手段威吓百花村村民搬家时，马良借助神笔拯救乡亲，惩治坏蛋，机智勇敢地反抗大将军。马良热爱家乡、保卫家乡的精神是中华民族优良的精神传统，这种正能量值得点赞！

花灯子是马良的小伙伴，她勤劳，不势利眼，不巴结人，凭借自己的劳动而生活，这点很值得称赞。

大将军谋权篡位，是个见钱眼开、不顾百姓死活只顾自己利益的黑心人，他是影片中的大反派。

小皇帝年龄小，行为、言语萌萌的，令人不禁捧腹而笑。

(3) 电影《神笔马良》中，马良用神笔画了哪些小伙伴？

提示：马良用神笔画了花猫、花鼠、大茶壶、摇钱树。这些小伙伴在马良同大将军做斗争时，都出力帮助了马良和乡亲们。你能像马良的小伙伴一样，当朋友有困难时及时出手帮助吗？

(4) 面对困难与危险，马良没有逃避，而是以家乡兴亡、匹夫有责的家国情怀，凭借神笔惩恶扬善，拯救乡亲。在生活中碰到困难时，你是退缩逃避还是勇敢接受？

提示：当你学会面对困难、勇于承担时，你就成了一个有担当的人。

(5) 如果你有一支马良的神笔，你最想做什么？你能像马良一样做一个有担当、有责任感的人吗？

提示：这支神笔如此神奇，在于用笔的人是有担当的人。

三、趣味活动

1. 演一演。

马良得到神笔后，乡亲们纷纷希望马良用神笔实现自己的愿望。分组比赛，并机智辨析哪些愿望大家都希望马良帮他实现？哪些愿望大家会笑话？

2. 我是小诗人，续编诗歌《假如我有一支马良的神笔》。

假如我有一支马良的神笔，
我要画一个时光隧道。
让大家知道恐龙是怎么灭绝的，

让大家开开眼界，

看看恐龙的世界。

拓展延伸

1. 创意写绘。

电影《神笔马良》中，有一段意味深长的话——只要心中有美丽的图画，神笔就不会丢。你能画出这幅美丽的图画吗？班级里可以评选出"最佳创意图画"。

2. 好书推荐。

绘本故事《渔童》和《七色花》。

少年经风雨，英雄始长成
电影《小兵张嘎》

□ 褚 斌（山东省东营市胜利振兴小学）

导演：崔嵬／欧阳红樱

类型：剧情

制片国家／地区：中国

上映年份：1963 年

德育主题

爱国主义是人们世世代代巩固发展起来的对祖国的一种深厚的感情，是民族精神的核心，是振兴中华实现民族复兴的必然要求。少年兴则国兴，少年强则国强，因此，对小学生进行爱国主义教育是提高全民族整体素质的基础性工程，是中华民族屹立于世界民族之林的一项无比重要的工作。观看本片，可以促使小学生更好地铭记历史，增强忧患意识及社会责任感和使命感，激发和鼓励孩子们为实现中华民族伟大复兴的中国梦而不懈奋斗！

电影赏读

一、情节回顾

1943年，正是抗日战争的关键时刻。一天深夜，一位正在执行任务的侦察员被日军发现了，敌人立即对他进行了追捕。在逃跑过程中，一枚子弹打中了侦察员的肩膀，他不幸受伤了。侦察员跳进身旁的一条小河里，甩掉敌人，逃走了。

次日，侦察员隐居在张嘎的家里养伤。突然，敌人闯进了村子。张嘎的奶奶急中生智，让张嘎和妹妹带着侦察员从暗道逃走，可她自己却被日本官兵抓走了。正当日本官兵盘问奶奶时，张嘎挺身而出，去救奶奶。可是，他和奶奶一起被抓走了。敌人软硬兼施审问张嘎，但张嘎软硬不吃。侦察员不忍心看张嘎挨打，主动跟日本官兵走了。日本官兵想枪毙张嘎，就在这千钧一发的时刻，奶奶保护了张嘎，自己却中弹身亡了！安葬了奶奶后，张嘎收拾行李，流浪到另一个村子。在那里，张嘎碰巧遇到了八路军罗金保，并加入了八路军，成为一名梦寐以求的小侦察员。

后来，张嘎被两个日本官兵盯上了，他只能躲进小伙伴胖墩的家中。他和胖墩藏在床底下，可胖墩的爸爸为了掩护他们，被日本官兵抓走了。强烈的责任感驱使张嘎登上了押送军火和人质的火车，去解救人质。同时，八路军也在火车要经过的桥上安放了炸弹。终于，在众人的努力下，解救了人质，张嘎也踏上了新的征途……

二、主题解读：
牢记历史，为国骄傲

故事讲述的是抗日战争时期，"小战士"张嘎机智勇敢地与敌人斗争，最终亲手打死了日本队长，为死去的奶奶和同志们报了仇。

小兵张嘎机智勇敢、不畏艰险、勇于奉献的精神令我深深感动。记得张嘎在面对那个胖翻译时，不仅没有惊慌失措，反而沉着镇定，非常勇敢，他的行为使我非常敬佩。他从小自强自立，当奶奶被抓后，他也能靠自己独立生活。他是人们心中的小英雄，更是值得我们学习的榜样！

我们今天的和平生活，是无

数革命先烈用鲜血和生命换来的！看看张嘎，再看看现在，同样是十几岁的孩子，张嘎已经是一名优秀的八路军侦察员了，而很多小学生生活还不能自理，更有一些"小皇帝""小公主"们，衣来伸手，饭来张口。我们生活在一个无忧无虑的世界里，生活一帆风顺，没有经受过一丝丝的困难与挫折，当困难降临时，我们会怎样呢？

同学们，不要做温室里的花朵，温室里的花朵尽管绽放得美丽，却从没有经受过风雨的洗礼，一旦暴风雨来临，只会剩下一些凋零的花瓣。争取做一棵阳光下的小树，不但要沐浴阳光，而且要经得起风雨的考验，这样才能长大成才，为祖国、为社会做贡献！

电影对对碰

一、观影准备

1. 了解日本侵华战争历史。
2. 向家中老人了解一下抗日战争时期他们有多大，过着怎样的生活。
3. 与父母讨论一下，听听他们怎么评价抗日战争。

二、电影沙龙

1. 你觉得张嘎是个怎样的孩子？

提示：正气、机灵、聪明、勇敢，也常常因调皮制造出麻烦。

2. 张嘎的叔叔是谁？他是个怎样的人？

提示：罗金保是游击队侦察员，是主人公张嘎走上革命道路的引路人之一。影片中以"汉奸"身份做掩护执行任务时与张嘎相遇。当罗金保以"汉奸"身份出现时，演得比汉奸还像汉奸，动作从容洒脱，还带着一股匪气，其实他是

地区队的侦察排排长，名叫钟亮，在部队里被叫作老钟，张嘎称他为老钟叔。他很勇敢，是张嘎的偶像。

3. 你认为战争中人们的生活和现在的生活有什么不同？

4. 看完这部影片你有什么收获？

三、趣味活动

发挥想象，张嘎长大后会是什么样的军人？战争中能有什么丰功伟绩？试着编一编。

提示：结合具体的人物来说，可以从他的性格特点、面对新事物的改变程度来设想。想象这个人物，他会怎么说，怎么做。

拓展延伸

1. 电影推荐。

电影《鸡毛信》（本套丛书第2册详细分析了这部电影），讲述抗战时期一名儿童团团长海娃，接受民兵中队长（他父亲）让他送鸡毛信的紧急任务以后，拿着放羊鞭子赶着一群羊，迎面遇到了一群日本官兵。海娃把鸡毛信绑在了一只羊的尾巴下面，躲过了一关。此后，又经过几番曲折和跋涉，克服了重重困难，最后把信送到了八路军张连长手中。按照鸡毛信中作战的时间、路线，八路军与民兵一举炸毁了日本人的炮楼，夺回了被敌人抢走的粮食、物资，还活捉了日本官兵的头目"猫眼司令"，为百姓除了害。

2. 好书推荐。

阅读《雷锋日记》是我们了解雷锋生前事迹最直接的方式，从中可以汲取真正的雷锋精神。

明是非，守良善
电影《渔童》

□ 延惠芳（山东省东营市河口区仙河镇中心小学）

导演：万古蟾

类型：动画

制片国家／地区：中国

上映年份：1959 年

德育主题

树立正确的是非、善恶和美丑观念，明白承担责任的意义，让学生深刻感受个人成长与民族和国家命运之间的联系，是小学低年级德育的培养目标之一。《渔童》就是一部对小学低年级学生进行明辨善恶教育的优秀影片。该片通过渔童扶危济困、惩恶扬善的故事，让学生获得最朴素的善恶观念。学生的责任感体现在公共活动中，如能够参加公共活动，树立正确的是非、善恶和美丑观念，明白承担责任的意义，培养学生的社会责任意识，让学生深刻感受个人成长与民族和国家命运之间的联系，提高民族自豪感。

电影赏读

一、情节回顾

《渔童》是一部老动画片，根据张士杰收集的自鸦片战争后至义和团运动前流传于渔民间的同名民间传说改编，由上海美术电影制片厂于1959年拍摄完成。

该片主要讲述了老渔民爷爷从海中捞起了一个白玉鱼盆，从中出现的小渔童帮助渔民惩治贪官和洋教士的故事。

鸦片战争后，帝国主义国家占

领了中国的港口，不准渔民出海打鱼，渔民们怨声载道，却敢怒不敢言。有个老渔夫迫于生计，在一个风雨交加的夜晚，冒险出海捕鱼，希望捕得些鱼好缴鱼税。结果忙了大半夜，一条鱼也没捞到，只网到一只平平无奇的白玉鱼盆。老渔夫心想聊胜于无，只好拿着盆失望地回到家中。半夜，鱼盆放出红光，一个聪明伶俐的小渔童从盆底画着的莲花中钻出来，唱着歌谣与金鱼嬉戏，那滴滴水珠滚落在桌上，变成了一颗颗晶莹的珍珠，渔夫得知这是一件宝贝。第二天，他来到集市上将珍珠出售，缴清了鱼税，还梦想将来有了钱买一艘大渔船，再捕许多大鱼。正做着美梦时，一具铁链套住了他的脖子，原来贪财的洋人勾结县官，以失窃为由，妄图逼渔夫交出鱼盆。洋人与县官的卑劣行径使围观的百姓义愤填膺，渔夫更是气愤难当，他义正词严地一一驳斥了洋人与县官，面对他们的丑恶嘴脸与巧取豪夺，渔夫宁可摔碎鱼盆也决不拱手相让。随着鱼盆的破碎，小渔童重又现身，他灵巧地腾跃，舞动鱼竿，大闹县衙，最后把洋人甩到了海里，把县官吓死了。

二、主题解读

《渔童》这部电影采用了中国传统的剪纸艺术，为观众呈现了一个情节生动、人物和音乐鲜明的民间传说，观影之后使大家受到爱国主义教育。然而它不是刻板说教，是在扣人心弦的情节中使人油然而生爱国情感，是适合小学低年级学生观看的优秀电影。

为了帮助学生更好地理解剧情，可以酌情向学生简单介绍影片的背景。这个故事流传于鸦片战争至义和团运动之间，鸦片战争是中国近代史的开端，从此中国人民生活在半殖民地半封建社会的水深火热之中，义和团运动是中国人民反抗帝国主义与封建压迫的斗争。电影中渔翁与洋教士之间围绕一个宝贝鱼盆展开争夺，实际上是代表了底层劳动人民与帝国主义及其相勾结的封建势力之间的抗衡。

西方势力和崇洋媚外的清政府共同欺压老百姓，无权无势的老百姓敢怒不敢言，生活在社会的底层百姓，多么希望强有力的帮助与支持，然而现实十分残酷。老渔翁的形象魁梧高大、爱憎分明，他面对不公勇于反抗，而不是逆来顺受，其他渔夫也是义愤填膺，团结一致，保护自己国家的宝贝。洋教士和贪官一副见财眼开的丑恶嘴脸，前后矛盾的卑劣行径、怪里怪气的腔调极具形象化，学生一见便可以感受到他们代表的反面形象。在与其斗争的过程中，虽然穷苦的百姓落了下风，但是鱼盆中的小渔童是正义的化身，他力挽狂澜，用神奇的力量惩治了洋教士和贪官，使孩子的心中坚定了一个信念：正义终将战胜邪恶！

回到现实生活中，孩子们明白，不会有神奇的超人在危难的时候来救你，电影中的渔童不过是人们美丽的幻想，但无论是大人还是孩子，在困境中保有一份幻想也是生存下去的勇气。其实现实依然面临类似的危机，进口的食品、服饰、书籍、电器总是受到商家的吹捧，好像外国的就是好的，国产的就是差的，崇洋媚外的现象并不鲜见。对于低年级的学生来说，从小树立爱国的理想、报国的志向非常重要，如果能让学生明白善恶，守住爱国心，这部电影的德育目标也就达到了。

电影对对碰

一、观影准备

1. 你了解中国近代的历史吗？听说过鸦片战争和义和团运动吗？

2. 回忆一下，在你的生活中，有没有听别人说外国的东西比国产的好，比如食品、玩具、衣服、电器、汽车之类？

二、电影沙龙

1. 老渔翁是一个怎样的人？从哪里看出来的？

提示：老渔翁勤劳善良，肯吃苦。为了缴鱼税，虽然洋人封锁了港口，他还是冒险出海打鱼。他意外得到一个宝贝，并没有贪心，也没有隐瞒，当别的渔夫问他的时候，他和盘托出。面对洋教士的巧取豪夺，他据理力争，宁为玉碎，不为瓦全：这是我们国家的宝贝，就是摔碎了也不能被洋人抢走。他是勤劳的老百姓的代表。

2. 洋教士是一个怎样的人？从哪里看出来的？

提示：洋教士以在中国传播宗教为名，行巧取豪夺中国宝贝为实。他们封锁中国的港口，在中国的土地上耀武扬威，为所欲为。他们与贪官污吏勾结，剥削老百姓，搜刮钱财。洋教士偶然听说能变出珍珠的鱼盆，就趁着黑夜想把它偷走。阴谋失败后，又想借县官之手逼老渔翁交出鱼盆，谎称那是自家失窃的宝贝。他的谎言被老渔翁一一驳斥后，露出丑恶的真面目，气急败坏地要打老渔翁，反被渔童狠狠地惩治，最终丢了性命。

3. 鱼盆到底属于谁？你怎么看待？

提示：鱼盆是在中国的大海里捞出来的，小渔童穿着中国的服装，是中国人，鱼盆当然是中国的宝贝。

4. 你有没有听说过类似的惩恶扬善的事情？

提示：从生活入手，真实地感受弘扬正义、打击邪恶的正能量。

5. 如果在你的生活中，有人说外国的东西比国产的好，你会怎么看待？

提示：让孩子从自己的角度谈谈感受，鼓励他们树立爱国、报国的理想。

三、趣味活动

演一演。

如果你在现场，看到洋教士和贪官被小渔童惩治，你想和他们说点什么？

提示：表演可以分为师生合作表演、生生合作表演、全班展示三个层次。

拓展延伸

1. 合作写绘。

选取电影中你最感兴趣的片段或感触最深的情节，完成一份写绘作业。画好画后，给图画配上文字。注意做好动作、神态、文字布局等细节的处理，争取获得"写绘创意奖"。

2. 电影推荐。

还有一部动画片，名字叫《人参娃娃》，讲的是人参娃娃帮财主家的童工小虎子惩治财主、获得自由的事。快去看一看吧！

（本文插图：山东省东营市胜利孤岛第一小学　朱瑞涵、郝宇鹏、曹楷玹、刘婷月、赵梓萌、于奕萱、李云澍，指导老师　岳熙琳、扈凯）

第三板块 自然伦理与生态文明

01 理性看待世界

02 了解自然韵律

03 保护自然环境

04 初晓自然伦理

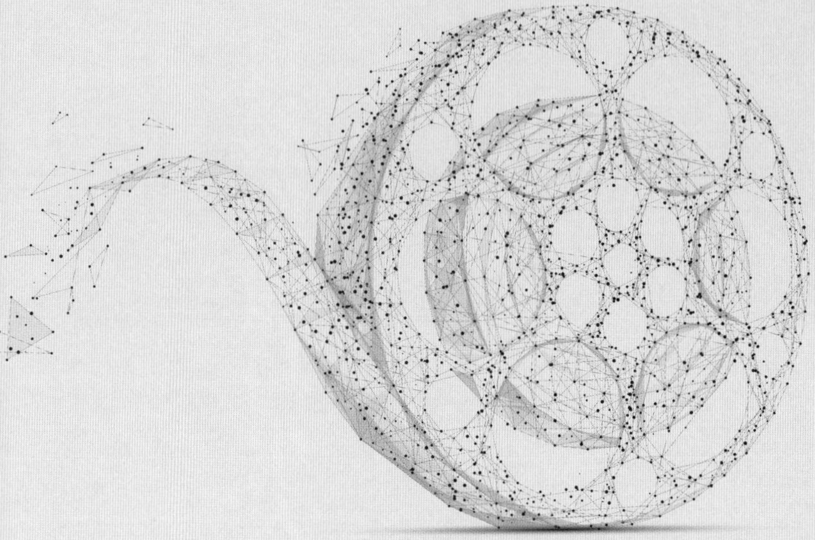

拒绝诱惑，坚持主见
电影《超级肥皂》

□ 周丽娜（山东省东营市河口区义和镇六顷小学）

导演：马克宣／徐景达

类型：动画

制片国家／地区：中国

上映年份：1986年

德育主题

　　养成基本的文明行为习惯，养成自信向上、诚实勇敢、有责任心等良好品质，是小学低年级核心德育目标之一。《超级肥皂》就是一部对小学低年级学生进行基本的文明行为习惯教育的优秀影片。观看该影片，有助于他们拒绝从众心理，体会拥有自己主见的重要性。

电影赏读

一、情节回顾

　　《超级肥皂》于1987年获中国电影金鸡奖最佳美术片奖，日本第二届广岛国际动画电影节教育片二等奖；1989年获首届全国影视动画节目展播一等奖。

　　影片主要讲了一位小胡子掌柜在路边叫卖肥皂，行人来往不断。小胡子掌柜当众用肥皂很快把一块脏布洗成白布。行人惊叹不已，争相购买。片刻间，柜台前排起了长长的队伍，有大饼师傅、少女、工人、教授、外国人、绅士、长发青年、女职员以及三个和尚等。还有一个老头儿带着小女孩，在一旁观望许久，终于也下决心买了肥皂。所有的人都用肥皂把衣服洗得雪白。小胡子掌柜财源滚滚而来，"超级肥皂摊"变成"超级肥皂亭"，又成了"超级肥皂店"，最后变成了"超级肥皂公司"。然而，情况似乎有些不妙，白色使喜庆的婚嫁队伍与哀伤的出丧队伍完全一样，大街上成了白色世界。忽然，一个身穿红裙的小姑娘从大街上跑过，显得非常突出，人们用惊奇而羡慕的目光望着她，不由自主地紧随其后。没想到红裙小姑娘扑进了小胡子掌柜的怀里，原来是掌柜的女儿。面对白色人群，掌柜又当众拿出另一种肥皂，将一块块白布染上了各种颜色。于是，改了名的"超级颜料公司"门口又是门庭若市，白色的人群又排起了长队。

二、主题解读

这部动画片画风独特，有漫画的随意，也有写意的细腻，而且全白和多彩形成鲜明对比。更有趣的是，《三个和尚》中的那三个和尚也来客串了一把，使影片具有更强的趣味性。

我以为，从根本上说，这是一部给成年人看的动画片，而不是给小孩子看的。这在当时应该是很特别的。大家已经习惯了"小孩子"和"动画片"的定式思维，而不知道其实成年人也是可以从动画片中受益的。

《超级肥皂》里的商人从一个路边小摊起家，通过一个创新性的产品，迅速发家，小摊变成了"超级肥皂亭""超级肥皂店"，又变成了"超级肥皂公司"，财富在短时间内迅速积累。影片的精彩就在于最后一分钟的情节发展，

一个穿着红裙的小女孩在一片白色的人流中引起了轰动，而这个小女孩正是肥皂商人的女儿，这时人们才猛然发现原来的"超级肥皂公司"已经变成了"超级颜料公司"，大家开始抢购肥皂商人的新产品以摆脱满身的白色。这部影片制作于1986年这样一个非常时期，影片在计划经济向市场经济过渡的中国有着非凡的启迪作用，相信有头脑的人们一定可以在影片中找到那把发财的钥匙。影片的音乐非常有特点，仿佛是钟表发出的"嘀嘀"声，配合了影片的快节奏，给人一种紧迫感。

从基本的情节来看，先是开始的演说，人们看着肥皂惊奇的眼神与"咦""啊"的声音，厨师因为弄脏衣服而第一个购买肥皂，然后是村姑与老太太……，白色统一中，婚礼与丧礼同时出现，人们开始恍惚。这时，小姑娘身上的红色裙子让人觉得她活泼可爱。没想到，她竟是小胡子掌柜的女儿。

从一个最基本的指向来看，这是对一个丧失自我判断能力的社会的批判。在超级肥皂的伟力面前，人们禁不住诱惑，一传十，十传百，在他人变白之后，加入"白色军团"之中。而此时，浑然一体的白色中凸显一个身穿红色衣服的小姑娘，使人们又发现颜色的美好，又加入到争相购买颜料的小摊前。

电影对对碰

一、观影准备

1. 小调查。

(1) 你的身边有没有禁不住诱惑的人？在他身上发生过什么有趣的事儿？

(2) 在你认识的人中有没有像商人这样主导潮流的人？他和同学们相处得怎么样？

2. 忆一忆。

回忆一下，自己在学习和生活中有没有禁不住诱惑的毛病？如果有，给你带来了哪些不良后果？

二、电影沙龙

1. "商人"是个怎样的人？从哪里看出来的？

提示："商人"是一个善于研究他人心理、善于发现商机、善于利用人们从众心理的人。

2. "买肥皂的顾客"是些怎样的人？从哪里看出来的？

提示："买肥皂的顾客"就是我们周围的一些具有从众心理的人，他们人云亦云，禁不住诱惑，最后变得千篇一律，没有任何特色，丧失了自己的主见。

3. 如果不让"买肥皂的顾客"亲历这次喜事和丧事一样的事情，只靠老师的说教让大家要禁住诱惑，效果会怎么样？

提示：亲历的感受最为亲切，也最具有教育性。

4. 从"买肥皂的老爷爷"身上，你看到了谁的影子？在他们身上发生了哪些有趣的事情？

提示：从身边的人入手。

三、趣味活动

1. 演一演。

如果你在现场，看到"卖肥皂的商人"的这种做法，你想和他说点什么？

提示：表演可以分三个轮次，先师生合作表演，再生生表演，最后全班展示。表演过程中，可以适当设置障碍，比如商人想做这种生意的心理描写，鼓励表演的同学举例子增强说服力。

2. 编一编。

想一想，重新回到彩色世界的"买肥皂的顾客们"会发生怎样的变化？

提示：可以结合具体的场景来说。比如：在平时生活中，"买肥皂的顾客"会怎么做；再有和同学相处的时候，他会怎么做；等等。

3. 写一写。

如果你是"买肥皂的顾客"，你想对你的小伙伴怎么介绍你的"买肥皂的经历"？

提示：可以分成三部分来介绍。首先，犹豫是不是应该买；其次，买了以后都变成了白色；最后，想尽办法脱离白色。让孩子们学会运用事情的起因、经过和结果来叙述。

拓展延伸

1. 合作写绘。

选取影片中最感兴趣的内容，两人一组合作完成一份写绘作业。一个负责画画，一个负责给画面配文字。注意做好动作、神态、文字布局等细节处理。在合作的过程中，要注意在交流的基础上发挥两个人的智慧，争取获得"写绘创意奖"。

2. 展开想象。

观看这部影片，找出影片中你最喜欢或者最讨厌的一个主角或配角，你想对他说些什么？可以说一说，也可以拿起笔来写一写。

（本文插图：山东省东营市河口区义和镇六顷小学　李王梓）

小小世界，大大精彩
电影《昆虫总动员》

□褚 斌（山东省东营市胜利振兴小学）

导演：海琳·吉罗／托马斯·绍博
类型：动画／冒险
制片国家／地区：法国／比利时
上映年份：2014 年

德育主题

《昆虫总动员》从昆虫的视角进行拟人化演绎，将这个小小世界中的精彩表现得淋漓尽致。通过观影体会大自然的韵美、规律和博大。世界广阔浩瀚，学会观察身边微观世界的美好，感受自然的韵律，敬畏生命。

电影赏读

一、情节回顾

在一片祥和的丛林里，隐藏着一个生机勃勃、热闹非凡的昆虫世界。一只瓢虫遭遇重重困难，卷入红黑蚂蚁的战争，参与了一场昆虫界的"特洛伊攻城"。

一只新生的瓢虫，翅膀受伤，与家人走散。风雨中它爬入一盒珍贵的糖果里，然后与黑蚂蚁结识。受伤的瓢虫与满载而归的黑蚂蚁同行，谁料半路上遇到了拦路抢劫的红蚂蚁，经过一番战斗之后，黑蚂蚁摆脱了红蚂蚁，到达了家园。然而红蚂蚁并未善罢甘休，带领大军准备攻占黑蚂蚁城堡。红蚂蚁数量众多，武器精良，黑蚂蚁只得取出杀手锏——烟花炸弹，可是只有一根火柴。这时瓢虫想起了之前寻找食物的地方还有一盒火柴，艰难地飞了过去。眼看火柴被蜘蛛拿走，

瓢虫一路跟随蜘蛛，想要拿回救命的火柴，谁料被一只青蛙盯上，最后九死一生逃出青蛙嘴边，在蜘蛛家养好伤后拿着剩下的火柴朝黑蚂蚁家飞去。在返程的路上又遇到了苍蝇家族在欺负另一只瓢虫，它毅然挑战苍蝇家族，凭借自己的飞行技术击败了所有的敌人，最后吹着胜利的号角在关键时刻将火柴带回了黑蚂蚁王国，顺利解围。

二、主题解读：感受大自然的韵律

自然界中的山水虫林，无不诉说着自己的故事。小鸟在枝头歌唱，花儿在花丛中舞动着衣裙。呼吸着自然界中的空气，聆听自然界的旋律，你会感到无比高兴，心情无比舒畅。曼妙的音符，绘出大自然的美丽。影片中没有一句台词，却演奏了一曲美妙的乐章。

1.奇妙的自然。影片开始，一对夫妇在一起幸福地吃着午餐，人类主宰着丛林的一角，主导着故事的发展，仿佛森林这一角除了这对夫妇，没有其他的角色。当人类离开，大自然开始演奏起自己的旋律，丛林的主人们开始登场。首先映入眼帘的是丛林中的喧闹，昆虫们在花丛中穿梭，像行驶在一条条高速公路上的汽车，鸣笛声、振翅声不绝于耳。喧闹中，树叶下的一只小瓢虫诞生了。苍蝇家族的嘲笑和欺辱使它翅膀受伤无法飞行。情景从阳光明媚的丛林，转眼就变成了阴冷的雨夜，于是它躲进了糖果盒。仅一天的时间，一件小小的事情就改变了瓢虫的一生，也正因如此，它开启了一段不平凡的遭遇。

争抢糖果的战争爆发了。黑蚂蚁和红蚂蚁，两个不同阵营开始了争斗。黑蚂蚁勤劳友善，每天去寻找食物，还与瓢虫交了朋友，与绿色的清洁蚜虫做邻居；红蚂蚁则训练有素，队伍庞大，纪律严明，执着果断，战斗力强。一看便知黑蚂蚁毫无胜算。但大自然就是个创造奇迹的地方，瓢虫与苍蝇家族大战，瓢虫大胜；黑蚂蚁成功逃脱红蚂蚁的追击；瓢虫从青蛙口中逃脱。

2. 生存的规律。影片中的小瓢虫坚韧不屈，用自己的努力改变了一场宏大的战争，这告诉我们每一个生命都具有自己的价值和意义。红蚂蚁们去抢糖果，不够光明磊落，但为了族群更加壮大，它们并不认为有什么错。这是自然的生存法则，只有这样才能使每一个种族越来越适应自然，越来越强大，生存下去。黑蚂蚁王国也是经历过多次磨难才学会储存烟花、苏打片，防守城堡，保卫家园。

野生动物从一出生就面临着危险，通过优胜劣汰的自然法则，使种族基因更加强大。大部分动物生命都比较短暂，而繁殖的数量却比较庞大，这样才能维持族群的繁衍迭代，才能向更适应环境的方向进化，在大自然中生存下去。

3. 自然的危机。电影采用拟人化的拍摄方式，红蚁军团用弹弓做投石器，用松果当撞城槌，用牙签当弓箭的设定非常有意思，它们还懂得使用杀虫剂作为武器。而黑蚂蚁王国则用棉签还击，利用小苏打片筑起护城河，杀手锏则是烟花。从这里可以看出，蚂蚁们所有的武器基本来自人类。其实《昆虫总动员》的场景发生在人类的居住区，在强调人类生活对自然环境影响的同时，借用拟人化的手法来还原一个我们平常看不到的世界。大自然拥有无数的生物，数量远超过人类，可是我们却没有给它足够的敬畏，一厢情愿地主导和改变着自然。人类的行为对大自然的影响是巨大的，仅仅一盒糖、一盒火柴就引发了一次世纪大战。大自然不断地给我们反馈，环境的恶化、病疫的传播等都警醒我们要爱护自然环境，停止恶意破坏环境。

电影对对碰

一、观影准备

1. 公园的一块草坪里有着什么样的世界？蹲下来，静静地观察一下吧。
2. 去植物园聆听一下树叶"演唱"的歌曲。
3. 想一想，你遇到难以克服的困难时会怎样处理？

二、电影沙龙

1. 你喜欢电影里的哪个角色？试着用动物的语言和它交流一下吧。

提示：想一想那笨拙的蜘蛛、卖萌的瓢虫、精明的蚂蚁等昆虫，甚至巨大的壁虎、讨厌的苍蝇、倒霉的青蛙、可爱的蚜虫。交流时可以模仿瓢虫的声音、蚂蚁的触角等特点。还有极其丰富的肢体语言。

2. 为什么可怜的小瓢虫最终收获了幸福？

提示：刚出生的瓢虫被欺负，与家人走散，翅膀折断，孤独无助，但是在困难面前它没有退缩，挺身而出帮助黑蚂蚁吓跑了恐怖的壁虎；见义勇为帮助了一只瓢虫妹妹，打败了强大的苍蝇家族；勇敢地取回了火柴帮助黑蚂蚁战胜了入侵的红蚂蚁军团。

3. 如果你是小瓢虫，带领着黑蚂蚁大军运送糖果，遇到红蚂蚁的堵截时，你会怎么办？

提示：可以想象一下，你像黑蚂蚁一样抱着心爱的宝贝，但是当生命受到威胁时你会如何抉择呢？宝贝真的那么重要吗？或许你有更好的方法来解决这个问题。可以同家人和同学讨论一下，看看哪种方法你最认可。

4. 描述一下你心中的小小昆虫世界。

提示：注意细节，当你近距离仔细观察这个昆虫世界时，你会发现原来毛毛虫的毛这么光滑，相互依偎的蜗牛温馨得赚人眼泪，勤奋的屎壳郎每天都在认真对付着它们的粪球，蜘蛛会在水下用一个小气泡做自己的餐厅，天牛就像公牛一样在互相较劲。每只虫子原来都不曾闲着浪费光阴。微观下的虫子世界，遵循着大自然的规律。

5. 从这部电影中你学到了什么？

三、趣味活动

1. 合作写绘。

选取影片中最感兴趣的一段内容，两人一组合作完成一份写绘作业。一人负责画画，一人负责给画面配文字。注意做好动作、神态、文字布局等细节处理。在合作的过程中，要注意在交流的基础上发挥两个人的智慧，争取获得"写绘创意奖"。

2. 编一编。

故事中大战引发了丛林大火，人类的消防飞机出现，扑灭了熊熊火势。请你想一想，当时熊熊火势快速蔓延，动物们的家园马上要被破坏的情景。当消防飞机还没有到达的时候，依照各种动物的特点，描绘一下它们各尽所能拯救丛林、重建家园的故事。

3. 演一演。

把你在"编一编"环节创作的"森林消防小电影"用角色扮演的方式表演一下吧。

提示：编写时注意火势紧迫，表达出各种动物都各尽所能地想为森林家园贡献力量的情感。表演时注意分清主角、配角，把握不同角色的性格特点，多用肢体语言表现不同动物的特点，争取获得"最佳编剧奖"和"最佳表演奖"。

拓展延伸

推荐绘本《微观世界：谜一样的小生命》。

绘本中选择了10个我们比较熟悉的微观场景：盛大的水中芭蕾、海滩隐士的秘密生活、海底的幽暗派对、床上微丛林、攻击皮肤的亲密敌人、攻占厨房的迷你贪吃鬼、森林土壤中的大工厂、一丛苔藓的复苏、死水下的不眠之城、河中小民的英勇斗争。

保护海洋，人人有责

电影《潜艇总动员：海底两万里》

□李 颖（山东省东营市胜利河口第一小学）

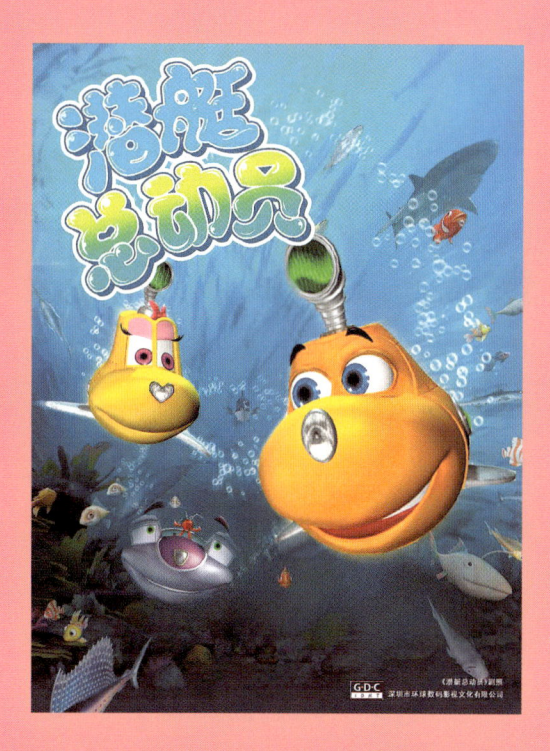

导演：申宇
类型：冒险／动画
制片国家／地区：中国
上映年份：2018年

德育主题

环境是人类生存和发展的基本前提,保护环境是我国的一项基本国策。在倡导"绿水青山就是金山银山"的今天,减轻环境污染是需要大家群策群力的事情。海洋作为自然环境的一部分,蕴藏着丰富的矿产资源和药物资源,有着自身不可替代的作用。电影通过讲述潜艇阿力和同伴们经历海底两万里的冒险之旅,寻找"海怪"潜艇"鹦鹉螺"号奥秘的故事,呼吁儿童与大自然和谐相处,激发学生的环保意识。

电影赏读

一、情节回顾

潜艇阿力和同伴原本开心地生活在海洋中,通过"海上丝绸之路"获得各种物品。有一天,海洋生物都在热切地期盼着商船的到来,但是它们等到的是一艘被"海怪"破坏的船,不但所有货物都没有了,而且成吨的废料也流进了海洋。随着"海怪"的出现,海洋面临着巨大灾难,各国便选派出最优秀的潜艇前往马里亚纳海沟追踪"海怪",潜艇阿力和贝贝也开启了追踪之旅。

他们在前辈"火龙号"的带领下,在沉船处找到了自己的新设备。正要离开时,得知伙伴梅鲨被"海怪"抓走了。贝贝通过追踪器发现梅鲨的下落,他们穿过阿拉伯深海隧道,在默斯肯漩涡中救了9527号,一起来到"海怪"基地。

阿力和贝贝在这里看到了尼摩船长和"海怪",尼摩船长告诉他们由于人类的贪婪和对资源的过度开采导致能源系统爆炸,美丽的亚特兰蒂斯就在此沉没,而他和"海怪"所做的就是要保护大海。但是贝贝对尼摩船长的做法提出疑问,尼摩船长恼羞成怒,把阿力和贝贝关进地牢,在这里他们和梅鲨相聚。

阿力偷到钥匙后带着贝贝和梅鲨逃跑,却被围追堵截,9527号的出现解救了他们,并告诉他们关于磁欧石的秘密。他们正在为人手不够而忧虑时,独眼鲨、波波和海马们及时赶到。

他们重新进入基地试图阻止尼摩船长,却被"海怪"伤害。此时贝贝带着他们之前救过的大章鱼来了,大章鱼打败了"海怪",独眼鲨制服了尼摩船长。但尼摩船长扔出了磁欧石,引发爆炸装置,阿力在9527号和贝贝的帮助下,借助水球的力量来到装置内部,并成功拿到磁欧石,使得装置没有炸

毁整片海域。尼摩船长和"鹦鹉螺"号恢复正常后离开，阿力和同伴们回家继续保护海洋。

二、主题解读

海像一首诗，活泼灵动；海像一幅画，含蓄内敛；海像一支交响乐，浩瀚澎湃……它时而平静，犹如一面明镜；时而暴怒，涌起万丈狂澜，能掀翻航行着的小船。电影告诉我们：海洋是蓝色的世界，有丰富的宝藏；也是生命的摇篮，有无数的生物。

在影片中，海洋生物凭借"海上丝绸之路"获得香料、衣物、食物等众多生活必需品。在现实生活中，人们通过"淡化"的方法，让咸咸的海水变成甘甜的淡水，应对干旱；从海水中提炼食盐，获得海产品和药物，应对食物缺乏；从海底获得矿产，利用潮汐和海浪的力量发电，应对资源匮乏；等等。这些都是广阔的海洋带给我们的"福利"，也是我们应该竭尽所能去保护的"财产"。

影片中的尼摩船长嘴上说着"保护海洋"这样冠冕堂皇的话，却因为一己私利而不断收集能量，想用磁欧石炸毁整片海域。现实中的人们一边说着探索海洋，一边肆意捕杀和过度开采，导致海水冲上沙滩时留下的不再是活蹦乱跳的小鱼小虾，而是惨死的海洋生物和成堆的垃圾。

习近平总书记在十九大报告中指出，坚持人与自然和谐共生，必须树立和践行"绿水青山就是金山银山"的理念，坚持节约资源和保护环境的基本国策。影片用斑斓的画面告诉孩子们海洋的美丽，用简单的动作特效告诉孩子们海洋对于人类和海洋生物的意义，用朴实的话语告诉孩子们保护海洋的重要性，寓教于乐，引人深思。

电影对对碰

一、观影准备

1. 你喜欢大海吗？你去看过大海吗？
2. 大海里的哪些生物令你印象深刻？为什么？
3. 如果有人要破坏大海，你会怎么做？

二、电影沙龙

1. 电影的主人公叫什么名字？他做了一件什么了不起的事情？

2. 你认为阿力是个怎样的潜艇？从哪里看出来的？

3. 阿力的哪个同伴给你留下了深刻的印象？为什么？

4. 阿力历尽艰辛，最终拿回磁欧石，阻止了爆炸。他为什么能成功拿回磁欧石？靠的是什么？你认为阿力有什么值得你学习的地方？

5. 尼摩船长是个怎样的人？你喜欢他吗？为什么？

6. 大海边总是会出现塑料袋等垃圾，你以后去大海边玩耍时，会怎么做？

三、趣味活动

1. 演一演。

看到阿力不顾自身危险，借助水球的威力进入装置拿回磁欧石，你是不是很感动？如果你在现场，你想对阿力说什么？

提示：可以小组表演，全班汇报展示，师生评议交流。

2. 唱一唱。

"小时候妈妈对我讲／大海就是我故乡／海边出生／海里成长／大海啊大海／是我生活的地方……"请你带着对电影的理解，演唱《大海啊故乡》这首歌。

提示：小组任选方式（独唱或合唱）进行表演，全班汇报展示，师生评议交流。

3. 说一说。

怎样才可以做到保护环境？

提示：可以结合具体的场景来说，比如不乱扔垃圾、不随地吐痰、不浪费水资源、不乱砍滥伐树木等。

拓展延伸

1. 自由写绘。

选取影片中你最感兴趣的画面和内容，完成一份写绘作业。注意主题突出，图文结合，有创意。

2. 电影推荐。

《潜艇总动员：彩虹宝藏》《潜艇总动员：章鱼奇遇记》《潜艇总动员：时光宝盒》《潜艇总动员：地心游记》也都非常好看，感兴趣的同学可以观看。

3. 好书推荐。

《海洋的声音》《小丑鱼，快跑》《海马先生》都是十分优秀的绘本故事，通过真实、丰富、有趣的海底情境，进行知识科普，告诉我们诸多关于海洋和海洋生物的秘密。

人与自然，和谐相处
电影《芬格里：最后的雨林》

□ 曹永军（山东省东营市河口区仙河镇中心小学）

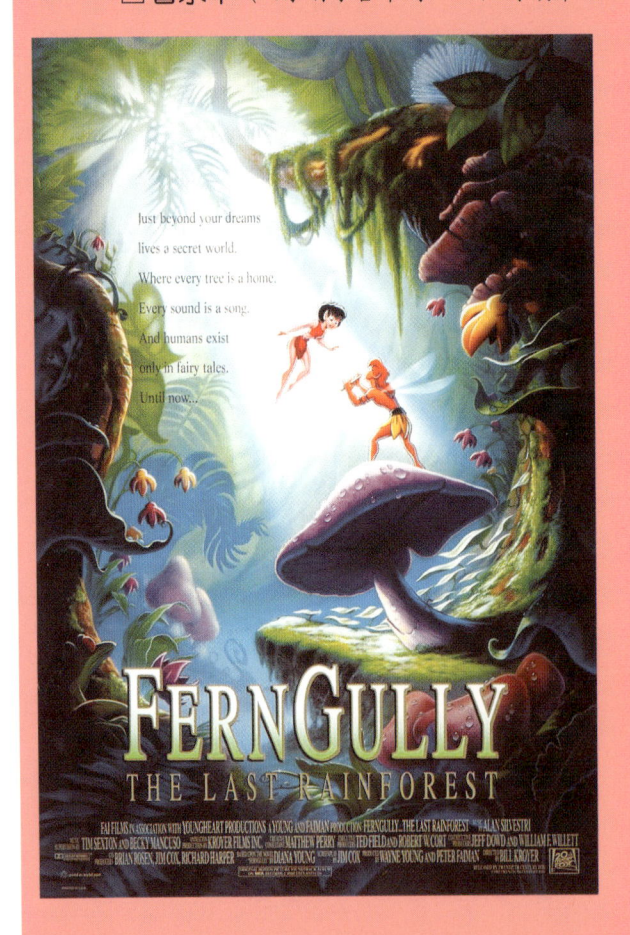

导演：比尔·克劳伊尔

类型：动画／奇幻／家庭

制片国家／地区：美国

上映年份：1992 年

德育主题

环境教育是学校教育的重要组成部分。各中小学校需要引导学生全面看待环境问题，正确认识个人、社会和自然之间相互依存的关系；帮助学生获得人与环境和谐相处所需要的知识和技能，养成有益于环境的情感、态度和价值观；鼓励学生积极参与面向可持续发展的决策与行动，成为有社会实践能力和责任感的公民。各中小学校在开展保护环境教育实践活动时，可以加大对当地资源（如环境保护和节约能源展览馆、污水处理企业、自然保护区等）的利用。

电影赏读

一、情节回顾

生活在芬格里的精灵们的世界一度很大，但因为人类的破坏，大自然失去了平衡，森林几乎被毁灭。很多年后，随着时间的慢慢推移，森林逐渐恢复生机，作恶多端的恶魔奥克斯被囚禁于大树之下。也是从那时起，芬格里再也没有出现过人类，精灵们也过着悠闲的生活。仙女克瑞斯在一个偶然的机会飞出密林，见识了她从未看见过的世界，并把黑烟囱

的事情告诉了芬格里的先知瑞切。

芬格里的上方笼罩着不祥的烟雾，瑞切知道人类的破坏和污染又开始了。一只头脑不清醒、语无伦次的蝙蝠无意中闯入了芬格里，带来了人类破坏自然的坏消息。克瑞斯抑制不住好奇心，决定飞去看个究竟。克瑞斯从来没有见过人类，当她看到年轻的伐木工扎克时，却阴差阳错把他变成了和自己一样大小。芬格里有了麻烦，扎克所在的伐木队要对这个森林进行砍伐。

更糟糕的是，伐木队无意中释放了被囚禁的恶魔奥克斯。危险一天天逼近，但生活在芬格里的精灵们对此却毫无察觉。被带到芬格里的人类扎克逐渐适应了变小的自己，与克瑞斯等人也成了好朋友。原本对树木不爱惜的他在克瑞斯实际行动的感召下，慢慢具有了爱护树木的意识。同时，他也认识到自己所在的伐木队正在做一件多么错误的事情。

伐木队被恶魔奥克斯所控制，意图毁掉芬格里。许多树木遭到了人为的破坏，扎克十分难过，决定尽力阻止这一切。先知瑞切为了挽救森林，情愿牺牲自己，把生长的力量分给了其他精灵。面对强大的奥克斯的侵犯，扎克和全部精灵齐心合力，终于保住了森林。

二、主题解读

《芬格里：最后的雨林》是一部非常有趣味的动画片，整部影片弥漫着温馨的气息,同时在生动有趣的故事中又蕴含着深刻的意义,成为非常受欢迎的电影。穿插在该片的歌舞场面,更让这部作品具有了与众不同的魅力。片中角色对自然环境有着强烈的保护和捍卫精神,这样的精神通过美妙而神奇的画面传递给了孩子以及成年人,对于增强人类环保意识和保卫家园的责任心很有帮助,可以说该片有着积极的教育意义。

有一片美丽的热带雨林,那里的环境以前是十分美丽的。可是有一天,这片雨林里来了一群人,他们用砍树机砍了这里

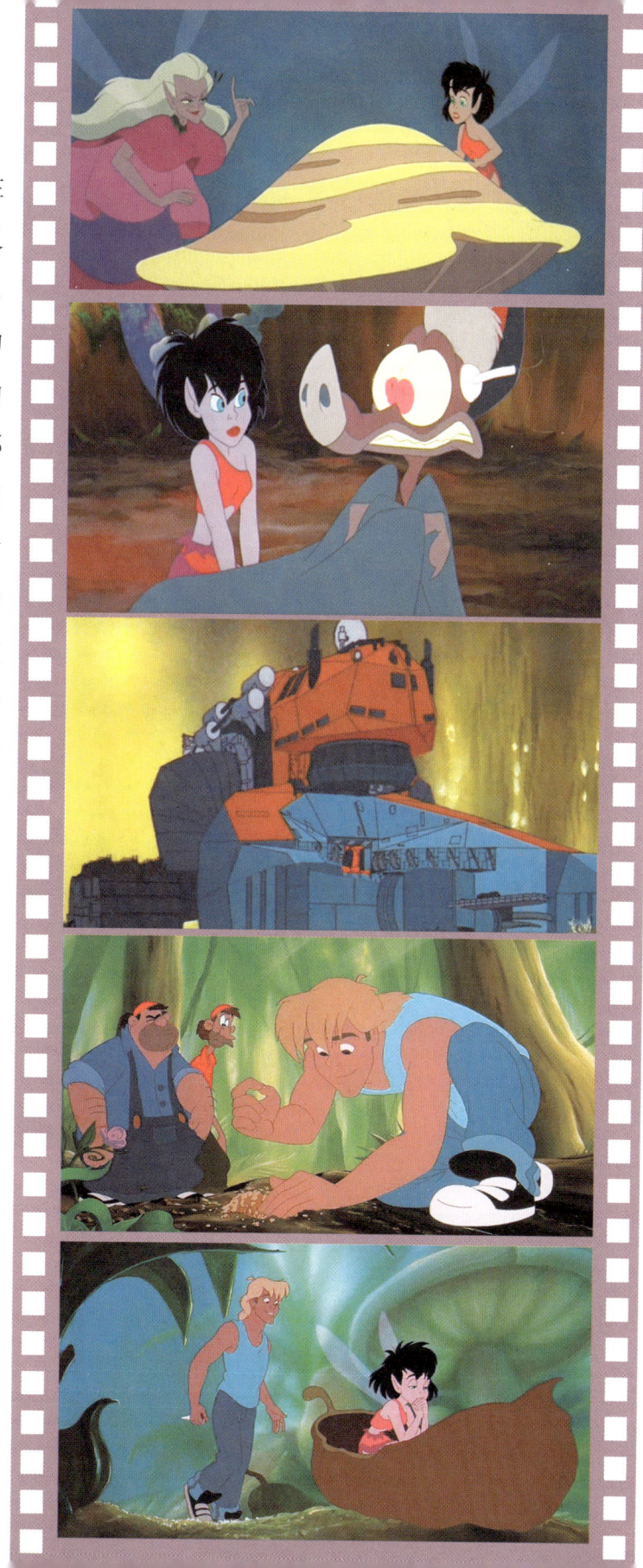

所有的树。砍树机一边砍树一边排放出许多毒气。此时出来了一个大恶魔，他的营养就是这些毒气，他吃了这些毒气就会变得非常强大。就这样，这个恶魔就和这片雨林中的精灵展开了残酷的战斗。

在这片雨林中，有一个小精灵，叫克瑞斯。她长得十分可爱，眼睛大大的，嘴巴十分红润。克瑞斯和她的朋友们住在大树上，她们的任务是保护雨林，帮助雨林成长，帮雨林治疗。她们也常常讨论一些有趣的事情，比如：这世上有没有人类，人类有没有尾巴……后来，这里来了一只长得很奇怪的蝙蝠，他的鼻子和猪鼻子一模一样，他的名字叫巴蒂，他帮了克瑞斯很多忙。一天，砍树机来了，克瑞斯救了人类扎克。后来扎克知道自己错了，不应该砍树，就和克瑞斯一起消灭了恶魔奥克斯。

克瑞斯有保护大自然的意识，她知道如果我们乱砍滥伐将会失去一切，包括自己的生命。这部电影给了人们很多启发：如果森林被消灭了，就算我们有再多的金钱和物质也是守不住的。所以我们要保护大自然，保护森林，保护我们身边的各种花草树木……

电影对对碰

一、观影准备

利用课余时间，开展一次关于"我们与周围环境"的调查，可以调查人们为保护生态环境做出的努力，也可以调查生态环境遭到的破坏。

1. 了解我们周围的环境所遭到的破坏，增强环保意识。

2. 了解环境与人类的密切关系，激发参与环境保护的热情。

3. 根据主题收集、整理、筛选资料，培养学生在综合学习中的创新意识和实践能力。

二、电影沙龙

1. 大自然失去了平衡，森林几乎被毁灭，最主要的原因是什么？

2. 芬格里再也没有出现过人类，精灵们过着悠闲的生活。作恶多端的恶魔奥克斯被囚禁在哪里？

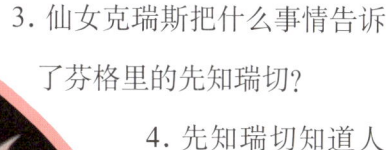

3. 仙女克瑞斯把什么事情告诉了芬格里的先知瑞切？

4. 先知瑞切知道人类的破坏和污染又开始了，是谁带来了人类破坏自然的坏消息？

5. 被囚禁在大树下的恶魔奥克斯是怎么出来的？伐木队为什么要毁掉芬格里？

三、趣味活动

1. 角色扮演：小组合作，分配角色，选一段情节来表演。
2. 制作爱护环境的画报。

拓展延伸

1. 电影推荐。

选取电影中最感兴趣的片段或感触最深的情节，向人们推荐，注意组织好自己的语言，说清楚自己要表达的观点，争取获得"最佳推荐奖"。

2. 好书推荐。

阅读《拯救地球的孩子们》《听，动物在说什么？》。

第四板块 价值体认与理想信念

01　理解亲情

02　学习合作

03　感受责任

04　初识梦想

05　学习英雄

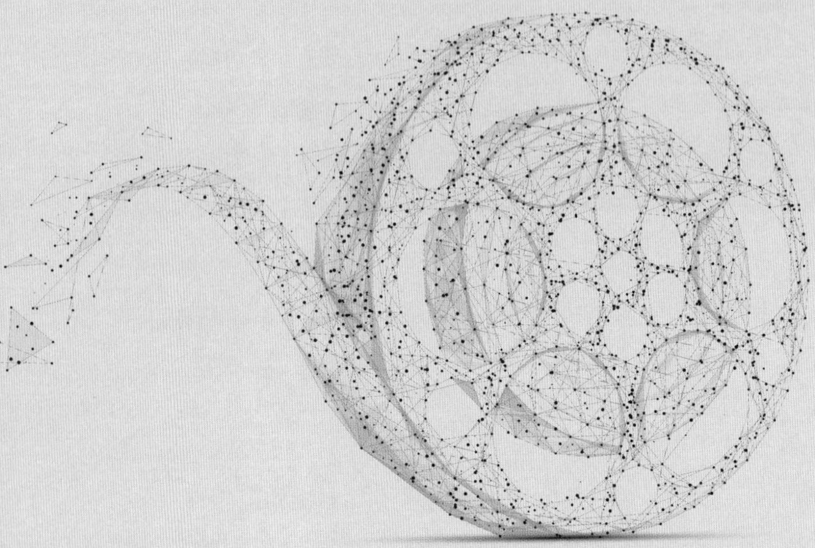

心中有灯，温暖一生
电影《宝莲灯》

□ 张继红（山东省东营市胜利河口第一小学）

导演：常光希

类型：动画

制片国家／地区：中国

上映年份：1999 年

德育主题

敬老爱亲是中华民族的传统美德，是每个做儿女的必尽的天经地义的义务。它不仅是一种美好的感情，还是一种修养，更是一种境界。作为小学低年级核心德育目标之一，孝敬父母这一人类第一美德有着重要的教育意义。《宝莲灯》是中国经典的神话故事，沉香劈山救母，感天动地，堪称敬老爱亲的典范。该片通过曲折感人的动画故事展现了沉香为救母亲付出的艰辛与努力，引导低学段儿童初步形成孝敬父母的良好品格。

电影赏读

一、情节回顾

天神三圣母向往人间生活，不顾触犯天条私自下凡与刘彦昌结为夫妇，生下一子，取名沉香。沉香活泼可爱，从小与母亲相依为命，母子二人生活

得很幸福。一天，他们到河中采莲，宝莲灯突然发出亮光，穿透云层，被二郎神发现，随后他便将沉香捕至天宫囚禁。三圣母为救沉香，不得不交出宝莲灯，最后被二郎神压在华山之下。

吉人自有天相，沉香孤单无助时得到小猴和土地神的帮助。几经周折潜入藏宝楼夺回了母亲的神器宝莲灯，并遇见了同为人质的部落头人的女儿嘎妹，在嘎妹的帮助下逃离天宫，踏上寻母之路。寻母之路，历尽艰辛。沉香被魔法师骗走了小猴，丢失了宝莲灯。但他没有放弃，找回小猴后克服重重磨难，在土地神的帮助下最终找到了齐天大圣。此时，他已经成长为一个英勇的少年。孙悟空后来被沉香的真诚所感动，把白龙马交给了沉香，点拨沉香到火湖去锻造神斧。

沉香与回到家乡成为部落首领的嘎妹再次相逢，在盛大的庆典中，大家齐心协力将巨石推入大海，惹怒了二郎神。二郎神要置沉香于死地。沉香与宝莲灯灯人合一，成功取胜，劈山救母，母子幸福团聚。

二、主题解读：孝亲敬长，坚毅成长

《宝莲灯》根据中国民间故事《劈山救母》改编，影片以"母爱—亲情"

为出发点，拓展出"善良、友情、成长"的主题。江南可采莲，莲叶何田田。母子二人池中采莲，共享天伦之乐。温暖美好的画面洋溢着浓浓的幸福与亲情。母亲教诲沉香明辨善恶，与人为善，方可沉静、幸福。在母亲宽厚仁爱的性格影响下，沉香心地善良，活泼可爱。

"我为你翻山越岭，却无心看风景。我想你，身不由己……"张信哲的《爱就一个字》充满着浓浓的亲情和爱意，沉香为救母翻山越岭，历尽艰辛，在风沙中独自成长。

母亲被舅舅二郎神压在华山之下永世不得翻身，沉香痛不欲生，决心救出母亲。任凭舅舅怎样威逼利诱，沉香不为所动。可见，母亲在沉香心中的地位无人能及，足以看出沉香对妈妈爱得深沉。"哀哀父母，生我劬劳。"母亲一手把自己从小拉扯大，生活虽不易，却是无比幸福甜蜜的。乌鸦有反哺之义，羊有跪乳之恩。而今，母亲身处困境，备受折磨，沉香怎堪忍受？因此，救出母亲，是对母爱最好的回报。

有妈的孩子像块宝，没妈的孩子像根草。走出天宫，可怜的沉香痛不欲生，泪水不断涌出，巨大的悲痛淹没了他。幸亏可爱萌萌的小猴出现了，才帮助沉香暂时缓和了悲痛的情绪。走着走着，亲切和善的土地神打着喷嚏出现了，还没说两句话就摔了一跤，善良的沉香连忙跑过去，把他扶起来，关心地问："老爷爷，您摔疼了吗？"一个善意的举动，一句温馨的话语，表现了沉香尊敬长辈的美德。

"老吾老，以及人之老。"这种具有浓厚人文精神和尊老敬老的道德观念，是中华民族传统美德中的精华。沉香来到闹市，街道上人群熙熙攘攘，热闹非凡。身无分文的沉香饥肠辘辘，突然，一位老奶奶摔倒在地上，大饼撒了一地。沉香连忙把老奶奶扶起来，把散落一地的大饼捡起来还给老奶奶。老奶奶很高兴，送给沉香一个大饼。

沉香不仅尊老敬老，还关爱动物，与人为善。救出小猴，他放走了所有备受大法师折磨的小动物。救母途中，沉香来到了花果山，花果山上众猴嬉闹，好不热闹，机灵的猴子、充满力量的大象……沉香与动物们玩耍嬉戏，亲如一家。

树木的繁茂归功于土地的养育，儿女的成长归功于父母的辛劳。救母途中，虽然险境重生，但是，善良的沉香遵循母亲教诲，在所有人的帮助下，坚毅成长，最终用智慧和爱战胜所有磨难，救出母亲，用实际行动感恩父母。

电影对对碰

一、观影准备

1. 你知道妈妈最喜欢做的事情是什么？比如，妈妈最喜欢唱什么歌？妈妈最喜欢做什么运动？妈妈最喜欢吃什么水果？

2. 请你回忆一下，你每天到学校上学前、放学回家后，妈妈都为你做过哪些事情？

二、电影沙龙

1. 电影的主人公叫什么名字？他做了一件什么了不起的事情？

提示：沉香劈山救母令世人赞叹。孝亲敬长是我们中华民族优秀的传统美德，自古就有黄香温席孝亲、乌鸦反哺等感人故事，都说明对孩子从小进行尊敬长辈的教育是何等重要。

2. 你认为沉香是个怎样的孩子？从哪里看出来的？

提示：沉香孝敬母亲，尊敬长辈，乐于助人，是小朋友学习的好榜样。妈妈被舅舅二郎神压在华山下，沉香不顾千难万险，想方设法救妈妈，帮助妈妈解除痛苦。孝亲敬长就是以"孝"为先，付诸自己的实际行动，用一颗感恩的心去关心、体贴、照顾父母，用真诚祝愿父母幸福安康。

沉香非常善良有爱心。老爷爷、老奶奶摔倒了，沉香连忙把他们扶起来。小猴被大法师抓住受尽折磨，沉香救出小猴以及所有的小动物。沉香还是个勇敢的孩子，他不顾舅舅的威胁，毅然决然地踏上救母之路，克服了重重困难，最终战胜了舅舅二郎神。

3. 沉香的妈妈叫什么名字？在电影里出现了几次？每一次出现都发生了什么事情？

提示：沉香的妈妈是天神，被称作三圣母。她在电影里出现了三次。第一次，在电影的开头讲述了妈妈昔日伤心的往事，这也是故事发生的原因。第二次是妈妈和小沉香在河中采莲，一起幸福生活的画面。第三次，沉香劈山救出妈妈，母子二人幸福相聚。

4. 沉香在救母过程中历经磨难，终于见到孙悟空，孙悟空却不肯收他为徒。在沉香失望的时候，谁的话点亮了他的心灯？你还记得这些台词吗？

提示：《诗经》里说："哀哀父母，生我劬劳。"父母不仅给了我们生命，而且含辛茹苦地哺育我们长大，教育我们做人做事，在我们痛苦、迷失方向时给我们勇气和力量，为我们指点迷津。孙悟空拒绝沉香拜他为师，让沉香很失望，是妈妈的话语点亮了沉香的心灯。妈妈说："孩子，你要明白，没有人能够代替你，一切都要靠自己。懂吗？……（沉香：可是，我的力量太小了，没法打败舅舅。）人要想胜过天神，必须依靠智慧和爱。……好孩子，用你的心去寻求帮助，用你的智慧去获得力量，妈妈相信你，你能做到。"

5. 沉香历尽艰辛，最终劈山救母。他为什么能成功救出妈妈？靠的是什么？你认为沉香有什么值得你学习的地方？

提示：沉香成功救母，不仅有大家的帮助，更有沉香自身的努力。他勇敢、坚强，尽管磨难不断，却从不放弃，而且努力想尽一切办法战胜困难。就像三圣母为他指点迷津时说的那样，他用一颗善良的心去帮助别人，获得了大家的帮助；

他用自己的智慧获得了勇气和力量，让自己变得强大起来，最终战胜舅舅二郎神，救出了母亲。善良最终战胜邪恶，这是人世间永恒不变的真理！

6. 沉香的舅舅二郎神是个怎样的人？你喜欢他吗？为什么？

提示：舅舅二郎神心狠手辣，对自己的妹妹三圣母都不讲情谊，没有人情味，大家都不喜欢他。

7. 想一想，妈妈每天上班，回家还要照顾我们的生活，辅导我们学习，没有时间休息，是不是很辛苦？你今后打算怎么做？

提示："父母呼，应勿缓；父母命，行勿懒；父母教，须敬听；父母责，须顺承。"（《弟子规》）感恩父母，我们应该用实际行动去回报父母，用一颗真诚的心与父母交流。孩子们只有在与自我的对话中付诸行动，才能达到教育的目的。

三、趣味活动

1. 演一演。

看到沉香用石斧劈开华山，救出母亲，母子二人终于幸福团聚，你是不是很感动？想象一下，母子见面会说什么？如果你在现场，你想对沉香说什么？

提示：可以小组表演，全班汇报展示，师生评议交流。

2. 想一想，说一说，怎样才可以做到孝

敬父母、尊敬长辈？

提示：可以结合具体的场景来说，比如回到家，要和爸爸妈妈打招呼；吃完饭，主动收拾碗筷、擦桌子、扫地；等等。

拓展延伸

1. 自由写绘。

选取影片中你最感兴趣的画面和内容，完成一份写绘作业。注意主题突出，图文结合，有创意，争取获得"优秀写绘奖"。

2. 电影推荐。

有一部动画片，名字叫《花木兰》，讲的是花木兰不忍年迈的父亲被征召上战场，女扮男装代父出征打败匈奴的故事。有兴趣的小朋友快去看一看吧！

3. 好书推荐。

妈妈爱你，你也爱妈妈。你最喜欢什么样的妈妈？相信你看了绘本《我妈妈》和《逃家小兔》，会感受到不一样的甜蜜和温暖，拥抱暖暖的幸福。

（本文插图：山东省东营市胜利河口第一小学　王诗涵、郑浠雯、邵雅琪、崔安喆、崔熙晨）

团结一心，快乐合作

电影《三个和尚》

□ 刘晓薇（山东省东营市东营区景苑学校）

导演：徐景达／马克宣

类型：动画

制片国家／地区：中国

上映年份：1981 年

德育主题

善于在学习和生活中养成团结协作的意识，形成与人合作的习惯，是一个学生养习立品的必修功课，也是低年级核心德育目标之一。民间谚语说："一个和尚挑水吃，两个和尚抬水吃，三个和尚没水吃。"从古到今，几乎人人都知道，这三句话很简单，却有很深的哲理。《三个和尚》就是一部对学生进行"克服自私自利、提倡团结协作"教育的佳作。

电影赏读

一、情节回顾

从前有座山，山上有座小庙。有一天庙里来了个小和尚，他看见庙里的水缸没水了，就挑来水倒满了水缸，还给观音的瓶子里加满了水，干枯的柳枝终于恢复了生机。他每天挑水、念经、敲木鱼，给菩萨案桌上的水瓶添水，夜里不让老鼠来偷东西，生活过得安稳自在。

不久，庙里又来了个高和尚。他渴极了，一到庙里就喝了半缸水。小和尚叫他去挑水，高和尚最初去挑水了，但是后来看到小和尚在庙里清闲自在，

心想一个人去挑水太吃亏了，便要求小和尚和他一起去抬水。于是两个人抬着一只水桶去山下打水，可谁也不想多出力，推来推去，最后要求水桶必须放在担子的中央，两人才心满意足。这样总算还有水喝，而两人的关系也僵化了。

后来，又来了个胖和尚。他也想喝水，但恰好缸里没水了。小和尚和高和尚叫他自己去挑，胖和尚挑来一担水，然后立刻咕咚咕咚大喝起来，两桶水被喝了个精光。

从此谁也不去挑水了，三个和尚就没水喝。

大家各念各的经，各敲各的木鱼，到最后干脆把菩萨面前净水瓶里面的水也喝干了，柳枝枯萎了。夜里，老鼠出来偷东西，谁也不管。结果老鼠猖獗，咬断蜡烛，打翻烛台，燃起大火。三个和尚慌了神，这才一起奋力救火。大火扑灭了，他们也觉醒了。

从此，三个和尚想出了用滑轮吊水的好主意，三个人齐心协力，愉快合作，自然也就有水喝了。

二、主题解读

这部影片，风趣幽默，没有一句台词，凭借着音乐的起伏与节奏的变化以及丰富的人物表情和身体语言，将三个人物的情绪和场景氛围表现得恰到好处。

虽没有台词配音，但人物设计造型却别具一格，充满强烈的人物个性。寥寥几笔就将三个人物的不同性格刻画得入木三分，既具有幽默感，又给人以朴拙、善良的美感。

小和尚：小和尚那上大下小的头型，在比例上具有儿童的特点。但硕大的后脑勺又显然夸张了些，与他匀称的身材和小巧的身量相配合，一望便知是一个聪明伶俐的小机灵鬼。

高和尚：高和尚那棱角分明的长方形脑袋，挤成一堆的眼睛鼻子，剃光了的眉眼，与鼻子拉开距离的薄嘴唇，以及颀长身材下的两条短腿，经过变形处理，带着刻薄的意味。

胖和尚：胖和尚那扁圆的大脑袋，厚嘴唇，缩脖子，臃肿的身躯，都夸张到了极致，使得人物憨态可掬。

老鼠：在影片中是一个反面角色，是捣乱破坏者。这个角色使得影片平添许多喜剧趣味。

《三个和尚》就像一面镜子，面向它，人们可以照见自己，三个和尚都不想打水，都想白喝水，深刻挖掘出人内心的私欲和贪欲。

社会心理学家拉坦提出，人大多有与生俱来的惰性，在独立工作时，能竭尽全力，但一旦进入集体，就会不自觉地把责任分解、转移到其他人身上。这是集体工作时存在的一个普遍特征——社会浪费。用一句俗话说，就是"三个和尚没水喝"。

影片让人们在观看过程中明白三个和尚的内心世界——自私自利、斤斤计较、相互推诿、唯恐吃亏。观众在欣赏影片的过程中，哈哈一笑之余，一定会不由自主地联想到现实中的人、现实中的事，学着反思、学着纠正。而故事的结尾部分三个和尚齐心协力救火直至后来合作吊水的情节，告诉人们：人心齐，泰山移。只要相互合作，办事效率就会大大提高。

三个人物的出场都出现了小动物，伴随小和尚的是小鸟、乌龟，伴随高和尚的是蝴蝶，伴随胖和尚的是小鱼，三个人与小动物的互动中体现出他们都有一颗温柔善良的心，这是影片在人物出场时给每个人定的基调。

低年级儿童正处于"自我中心"阶段，做事自然只想到自己——"我"。孩子们在课堂上总是希望自己能取得回答问题的机会，一旦叫到了别人，就会不再听讲；表扬没点到自己，就非常失望；打扫卫生时把脚下的垃圾划拉到别人那里；同学间有了纠纷就只强调自己的理由……凡此种种，是多么常见的画面啊！但是，一个人不能只停留在"自我为中心"的层面上不求进步，如果只为自己考虑，由着性子行事，如何融入班级、融入社会？如何在学习、工作和生活中与人相处，做到精诚合作、共同提高？所以，对学生从小进行"合作"教育，是教师必不可少的一项重要使命。

如何避免乏味的说教呢？借助影视作品的力量，可谓是一条开满鲜花的捷径。最终，让学生在欢笑过后留下一丝丝回味、一丝丝反省，这部电影的德育目标也就达成了。

电影对对碰

一、观影准备

1. 小调查。

（1）你的身边有没有做事只顾自己的人？在他身上发生过哪些记忆深刻的事情呢？

（2）这样的人多吗？他和小朋友们相处得怎么样？

2. 忆一忆。

回忆一下，自己在学习和生活中有没有做事只顾自己不顾别人的时候？如果有，它给你带来了哪些不良影响？

二、电影沙龙

1. 小和尚是个怎样的人？从哪里看出来的？

提示：小和尚是一个善良的小孩子形象。他每天挑水、念经、敲木鱼，给观音菩萨案桌上的净瓶添水，夜里不让老鼠来偷东西，一个人的生活过得安稳自在。可是在高和尚和

胖和尚来了之后心态起了变化，开始斤斤计较起来。

2. 高和尚是个怎样的人？从哪里看出来的？

提示：高和尚一到庙里，就把半缸水喝光了。小和尚叫他去挑水，几次之后就觉得一个人挑水太吃亏，便要小和尚和他一起去抬水。两个人只能抬一桶水，而且水桶必须放在扁担中央，两个人才心情舒坦。

3. 胖和尚是个怎样的人？从哪里看出来的？

提示：胖和尚一出场，就被太阳照得又热又渴。他也想喝水，但缸里没水。小和尚和高和尚叫他自己去挑，胖和尚挑来一担水，立刻独自喝光了。从这里可以看出胖和尚也是一个计较又狭隘的人。

4. 从三个和尚身上，你看到了谁的影子？在他们身上发生了哪些记忆深刻的事情呢？

提示：如果人人都相互依赖、相互推诿、计较得失、唯恐吃亏，那么我们的团队就会止步不前，无法优秀，无法在竞争中胜出。

5. 想一想，你有没有类似的情况？如果有，你今后打算怎么做？

提示：儿童的内心非常阳光，容易接受别人的批评和建议，在联系生活反思自己的时候，往往非常主动和坦诚，在这样的基础上，孩子们就能真正从这个故事中有所悟、有所得。

三、趣味活动

1. 趣配音。

这部影片没有一句台词，却演绎了一个精彩的故事。请三位同学来给影片配音，看看谁的配音更精彩。

2. 编一编。

在扑火时和灭火后，三个和尚会想些什么？说些什么？做些什么？请四人小组尝试着编成口头故事吧。

拓展延伸

1. 合作写绘。

四人小组，完成一幅图画的绘制和故事编写。

2. 歌曲推荐。

《众人划桨开大船》，唱的就是大家齐心协力、努力合作的事情。快来欣赏一下吧！

（本文插图：山东省东营市东营区景苑学校　郭晋如、王芮琰）

爱与责任，给予信任
电影《妈妈咪鸭》

□ 张继红（山东省东营市胜利河口第一小学）

导演：赵锐／克里斯·詹金斯
类型：喜剧／动画／家庭／冒险
制片国家／地区：中国／美国
上映年份：2018 年

德育主题

责任是一个人不得不做的事情，是一种职责和任务。我们每个人都不是孤立存在的，而是存在于社会之中，因此我们因个人在社会中的角色不同而承担着不同的责任。学生的责任是遵守纪律，完成学习任务；家长的责任是养育孩子成人或成才；教师的责任是教书育人；医生的责任是治病救人……影片《妈妈咪鸭》通过大雁大鹏和两只小鸭子组合成临时家庭，经历了一连串的冒险，成功南迁的故事，向我们展示了每个人对亲人、朋友、家庭、社会都要有责任感，尽到自己的责任，才能共享美好生活。因此，培养儿童的责任意识是学校和家庭的使命所在。

电影赏读

一、情节回顾

叛逆、孤傲的大雁大鹏自称为"王牌飞行员"，桀骜不驯，自以为是。他在雁群向南方迁徙前的训练中不服管教，百般捣乱，与女友金晶嬉闹并撞散了鸭群。因不满带小雁飞行的任务，决定离开雁群单飞。没想到，两只失群的小鸭——淘淘和憩憩，把他当成了妈妈，可气又可恨。倒霉的他无意中又折断了翅膀，使单走成为事实，单飞成为奢望。

万般无奈之下，大鹏找到小鸭组成"临时家庭"，踏上了南迁之路。一路上险情不断，坏猫的追杀使行程充满惊险，幸好遇到了慈爱的母鸡一家才幸免于难。后又遇到运送猪群的卡车，一路颠簸；两只失群的小鸭终于追上了

鸭群进了桃源谷，却意外将成为餐桌上的烤鸭。

送走小鸭的大鹏遇到了会点儿中医技能的松鼠卡卡，在卡卡的医治下竟然能重飞蓝天。此时的大鹏却在与小鸭的交往中学会了责任与耐心，内心充满牵挂的他有着不祥之感。即将大雪寒冬，大鹏却毅然放弃了南迁追到桃源谷。在厨师的屠刀下救出了淘淘和憩憩，并与前来找寻他的金晶重逢获得了谅解，最终四人组成了幸福温暖的小家庭。

二、主题解读：责任与爱

"你不懂我的骄傲！飞——我要尽情遨游，随时冲上云霄，任性去逍遥，有风陪伴我呼啸。少年的梦，只争今朝，向着梦中的天堂……"《妈妈咪鸭》的开场很是振奋人心，随着激昂的音乐由远及近，影片的主人公大鹏展翅于高高的蓝天，自由翱翔，盘旋往复。那恣意飞翔、随心所欲的飞行姿态令人羡慕不已，不由自主地想象着自己似乎也要张开双臂拥抱蓝天。

然而，就是这样一只有着高超飞行技艺的大雁，貌似缺少团队精神和责任心，目空一切，肆意妄为，令雁群头领兵叔很是不满，罚他单飞。这看起来正中他意，不受拘束的大鹏把单飞看作展示自己才华的大好机会，他要比雁群晚走却要第一个抵达鸿影湖。

内心孤傲，事事要强，总想拿冠军，却忽略了自己是雁群这个大家庭中的一员。乌龟老瑞的话充满哲理："如果你把人生始终当成一场比赛，到最后你会发现只剩下自己一个人。你会错过很多人，爱你的人，关心你的人，爱人和亲人。"从小就是孤儿的大鹏不以为意，自己已经错过了很多，友情、亲情、家庭这些羁绊只能让自己失去更多的自由。少管闲事，选择单飞。

然而现实常常违背主观愿望，意外的折翅让大鹏的单飞成了泡影，而单走对一只大雁来说是艰难而冒险的。于是，寻找伙伴求得安全感的大鹏只好与两只刚出生不久的小鸭子组合成"雁鸭母子档"。殊不知，既是妈妈，就要承担当妈妈的责任。

尽管责任有时使人厌烦，淘淘饿了要给他找吃的，睡觉要给他讲故事，走路要有无数耐心等着他，十万个为什么等着你回答……两只小鸭子的死缠烂打给大鹏带来了不少麻烦，着实令大鹏心烦不已。尤其是看到雁群和自己亲密的伙伴从头顶飞驰而过，自己却被两个小家伙缠身，大鹏忍无可忍，恼怒之下弃之而去。不履行责任，只能是懦夫，不折不扣的废物，大鹏内心不允许自己独自离开。

在恶猫的掌心里，在厨师的屠刀下，在大雪纷飞的寒冬，大鹏置生命于不顾，几次将危在旦夕的两只鸭宝宝救出死亡线，勇敢地保护着他们。而自己体力耗尽也在所不惜！

当远方出现了黎明的曙光，流光溢彩的鸿影湖在山脚下熠熠生辉，"家"就在不远的前方时，精疲力竭、不抵严寒的大鹏终于倒在了皑皑雪地上，寸步难行。此时，两只可爱的小萌鸭不离不弃，即使是鸭子也要飞翔，拖着身躯庞大的大鹏走出茫茫雪地，终于与雁群重逢。淘淘和憩憩长大了，大鹏同

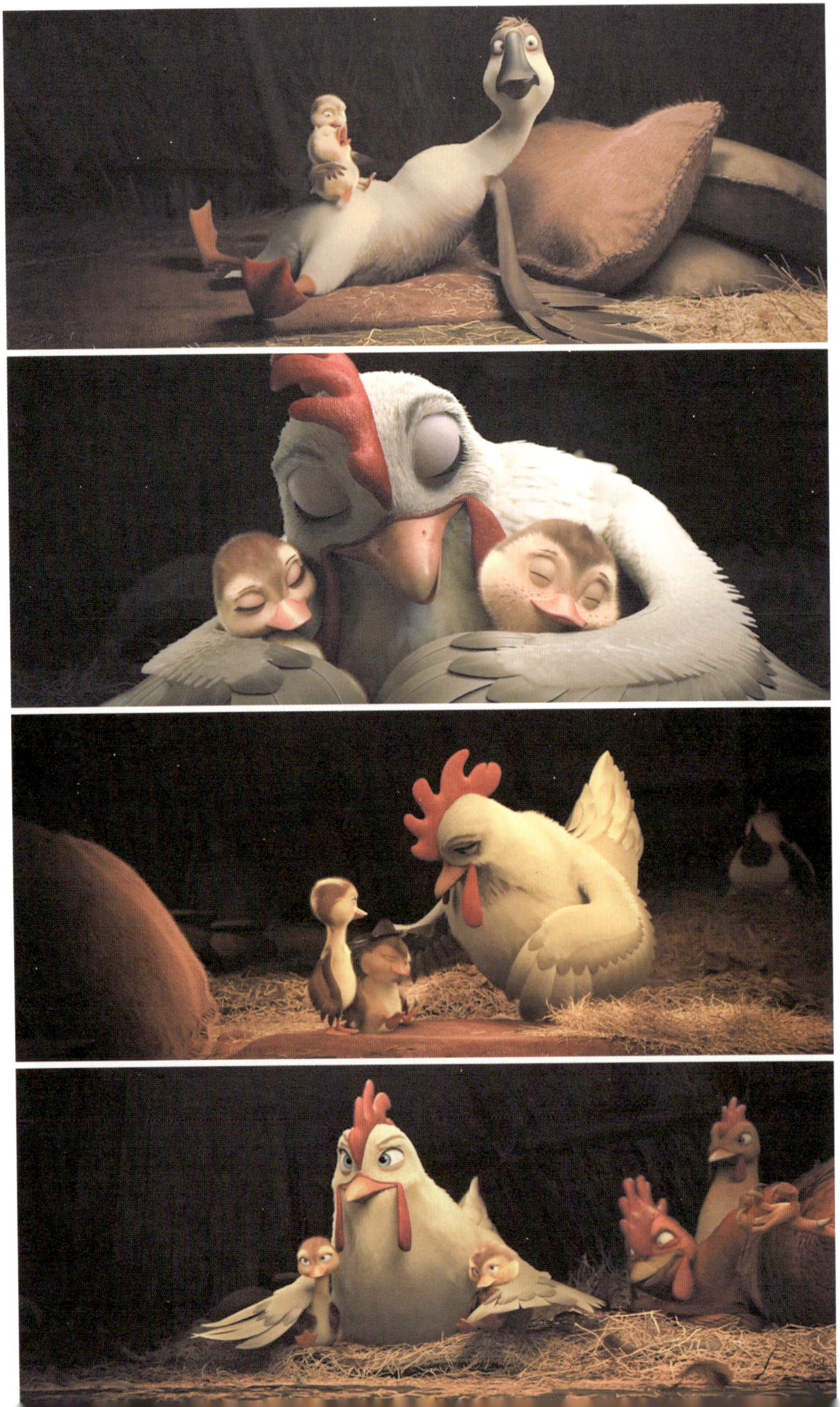

样在磨砺中获得了幸福与快乐，成长为一只有责任心、懂得关爱的成熟的大雁。这部动画电影不仅对孩子，对家长同样有着深刻的教育意义。

电影对对碰

一、观影准备

1. 你喜欢小鸭子吗？你喜欢的小鸭子是什么样的？

2. 请你回忆一下，一年级我们学过的课文《秋天》，大雁为什么要去南方过冬？它们飞往南方时都排着什么队形？为什么要这样排队？

3. 比较一下，大雁和小鸭子有什么不同？

二、电影沙龙

1. 这部动画电影中有许多角色，试着交流一下，看看你能说出哪几个角色。

提示：勇敢却自由散漫的大雁大鹏，可爱呆萌又聪明的两只小黄鸭淘淘和憨憨，说话幽默且富有哲理的乌龟老瑞，操着一口方言的爱唠叨的丹顶鹤兄弟，会点儿中医技能的松鼠卡卡，还有十恶不赦的令人惊悚的恶猫，等等。

2. 雁群为什么要南迁？在南迁之前，他们做了哪些训练？

提示：因为雁群不能抵御寒冬，所以在冬天来临之前，他们就会飞到南方去过冬。南迁之前，雁群要进行严格的飞行训练，保持"人"字队形，减少阻力。

3. 雁群在迁徙之前加紧训练，大鹏是跟大家一起训练的吗？他都干了些什么？他这样做对吗？为什么？

提示：雁群在兵叔的带领下有序地训练飞行的本领。可是大鹏不是迟到，就是瞎闹捣乱，一会儿把雁群带成两个"人"字，一会儿又带成五环，不守规矩，严重影响了雁群的训练。兵叔给他布置任务，让他带领菜鸟队，他拒绝了。这样不遵守纪律，自由散漫，不服从安排，没有团队精神是不对的。看来大鹏需要自我反思。

4. 大鹏的朋友老瑞善良友好，值得信任。在大鹏自以为是离开雁群准备单飞时，老瑞是怎么提醒他的？你还记得这些台词吗？

提示：乌龟老瑞的话充满哲理："如果你把人生始终当成一场比赛，到最后你会发现只剩下自己一个人。你会错过很多人，爱你的人，关心你的人，爱人和亲人。"

5. 小黄鸭淘淘为什么叫大雁大鹏妈妈？大鹏愿意给淘淘当妈妈吗？为什么？

提示：淘淘出生后还没有印随过，凡是长羽毛的大鸟，淘淘都以为是妈妈。印随是动物的一种本能，是动物出生后早期的学习方式，出现在小鸭出生后的两三天，他会跟着第一个看到的移动的东西走，并把他当作自己的妈妈。而淘淘第一眼就看到了大鹏勇敢、帅气地赶走了恶猫，所以他叫大鹏妈妈。大鹏根本不愿意当这个妈妈，他只想过自己的日子，不用操心别人的事情，不用承担责任，简单自由。

6. 大鹏说他从小就乐于助人，他要把淘淘和憨憨两只小鸭子送回到家人身边，他要用强壮的肩膀为这个世界承担一点小小的责任。他说的是真的吗？他后来做到了吗？

提示：大鹏在说假话。因为他的翅膀折断了，飞不起来，只能走路南迁。

可是独自行走在山路可能会被野兽吃掉，很不安全，需要找人做伴一起赶路，关键时候两只小鸭子可以拖住坏蛋，充当炮灰。他为了说服淘淘和憩憩跟他一起上路才这么说。但是后来，他们患难与共，让大鹏感受到了淘淘和憩憩带给他的不仅是麻烦和辛苦，更多的是快乐和幸福，所以，后来大鹏真心在帮助小鸭子。

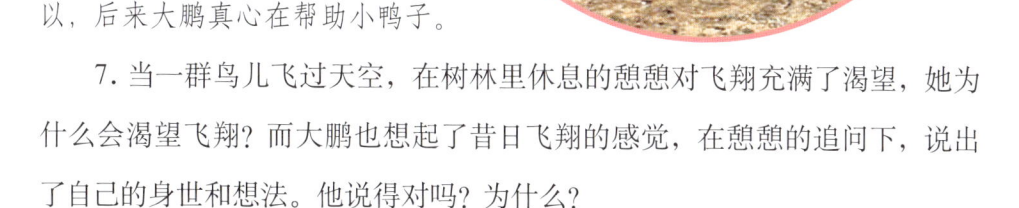

7. 当一群鸟儿飞过天空，在树林里休息的憩憩对飞翔充满了渴望，她为什么会渴望飞翔？而大鹏也想起了昔日飞翔的感觉，在憩憩的追问下，说出了自己的身世和想法。他说得对吗？为什么？

提示：因为在外颠簸漂流的憩憩想起了自己的新家——桃源谷，据说那里衣食无忧，是所有鸭子的天堂。她想"飞"到新家，早点找到鸭群。大鹏告诉憩憩自己是孤儿，根本不需要什么家人，也没人需要他。虽然金晶对他很好，但是他不喜欢成家，选择了逃避，伤害了金晶。因为大鹏认为拖家带口，限制自由。大鹏说不需要家人，为什么还要去寻找雁群？有了朋友、亲人和家庭，才能拥有更幸福、更完整的生活。

8. 大鹏带着两只小黄鸭，刚刚逃离了桃源谷厨人的屠刀，又遇到了阴魂不散的恶猫的追杀，他们是怎么战胜恶猫的？筋疲力尽的大鹏要带两只小黄鸭去哪里？结果怎样？此时，你怎么看待大鹏？

提示：大鹏勇敢地保护着小黄鸭，与恶猫进行了殊死搏斗，在两只古灵精怪的小黄鸭的共同努力下，终于战胜了恶猫。此时，大鹏已体力透支，却一心向往着温暖的家——鸿影湖、雁群,他和小鸭相互扶持,终于与雁群重逢。此时,大鹏勇敢、有责任心了,懂得了关爱他人,令人称赞。

三、趣味活动

1. 手影游戏。

在深深的山洞里,大鹏和小黄鸭被恶猫追杀。无意中发现了洞里的萤火虫闪着点点亮光,他们开心地在山洞的石壁上做起了手影游戏。这时,他们做了谁的手影?为什么这时候他们会想起自己的朋友?现在请你也伸出小手,一起来做个手影游戏吧!

提示:人在患难时需要力量,都会想起自己的朋友、亲人等。小朋友做手影游戏时,也可以说说自己做的是谁的影子,为什么想起了他。

2. 想一想,演一演。

第二年冬天,大雁又要到南方去过冬了,兵叔又带领雁群开始训练,并安排大鹏去带领菜鸟队。这时,大鹏是怎么做的,怎么说的?

提示:可以创设雁群进行飞行训练的场景,远山、湖水、芦苇荡等。孩子们分别扮演不同的角色,表演编故事。

拓展延伸

1. 自由写绘。

(1) 大鹏和两只小黄鸭的寻亲之路既冒险又刺激,请你选择最喜欢的一个场景,写上一段图文并茂的小故事,争取获得"优秀写绘奖"。

(2) 影片的结尾,变得有责任心的大鹏决定和淘淘、憩憩与金晶组成四人小家庭。他们四个生活在一起后会发生什么事?大鹏能当个好爸爸吗?快拿起你的画笔把你想到的画出来,写下来吧!争取获得"创意写绘奖"。

2. 好书推荐。

有责任，有担当。绘本《七彩乌鸦》会让你认识一只勇敢、善良的乌鸦；《活了100万次的猫》会让你感受到虎斑猫为自己而活得快乐，为亲人、家庭而活得幸福。

追逐梦想，勇于担当
电影《狮子王》

□ 毕晓丽（山东省东营市胜利河口第一小学）

导演：罗杰·艾勒斯／罗伯·明可夫

类型：动画

制片国家／地区：美国

上映年份：1994 年

德育主题

科威特著名作家穆尼尔·纳素夫曾经说过："责任心就是关心别人，关心整个社会。有了责任心，生活就有了真正的含义和灵魂。这就是考验，是对文明的至诚。它表现在对整体、对个人的关怀。这就是爱，就是主动。"这段话对"责任心"这个关键词给予了高度的肯定，人生的目的是过幸福的生活，而一个人真正的幸福，只能是给他人带来幸福的过程中才能获得，这就赋予了人以相应责任。所以一个人生来就被赋予了责任，对自己有责任，对亲人有责任，对朋友有责任，对其以后的家庭和生活更是有责任。担当是责任的重要保证。只有具有责任感的人才会被社会所接纳，才能造福于社会。对低年龄段学生进行相关方面德育教育使他们成为有梦想、学会承担责任的人，这既是心理健康的重要标准之一，也是小学低年级学生核心德育目标之一。

电影赏读

一、情节回顾

《狮子王》是一部经典的儿童动画片，塑造了许多脍炙人口的动画角色。该电影的主旨围绕小狮子辛巴的成长遭遇展开，在欣赏电影的同时也能给人带来很多领悟和启发。

"荣耀之地"的老狮子王木法沙迎来了儿子辛巴的诞生，他最后的心愿便是将辛巴培养成合格的接班人。年轻的小狮子辛巴顽皮、喧闹、不畏一切，

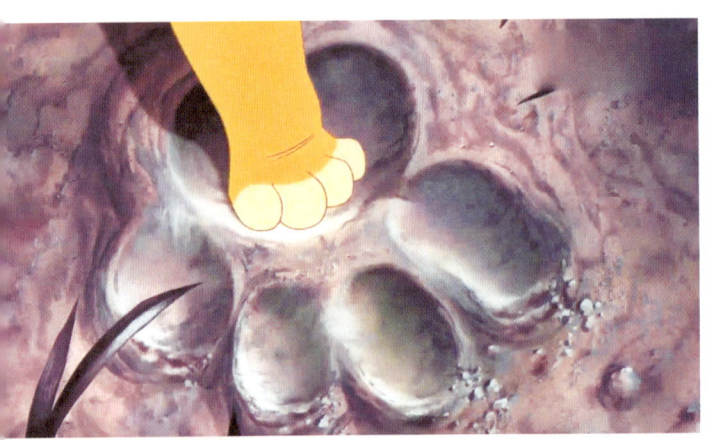

把鲁莽当作勇敢，多次将自己置身险境。而每一次，老狮子王木法沙都会从危险中救下他。

木法沙的弟弟刀疤暗中觊觎国王的宝座。野心勃勃的刀疤利用小狮子辛巴鲁莽的性格，设计害死了木法沙，还让小辛巴以为是自己导致父亲意外身亡，逼迫他远走他乡，又暗中安排土狼群追杀辛巴。

辛巴为了躲避追杀不得不离开"荣耀之地"，在非洲大草原上游荡。深感内疚的辛巴在对前途深感绝望之际，偶遇了小伙伴丁满和彭彭。他们告诉辛巴要学会忘掉过去，快乐当下。就这样，辛巴好像忘记了自己的过去，和彭彭与丁满一起每日无忧无虑地生活着。

成年后的辛巴意外与儿时的玩伴母狮子娜娜重逢后，得知"荣耀之地"在刀疤的统治下民不聊生，娜娜恳请辛巴重返"荣耀之地"，打败刀疤，夺回自己的领地。可习惯了无忧无虑生活的辛巴拒绝了这一请求。辛巴不敢面对自己过去犯下的错，一直在逃避自己应该承担守护和管理整个国家的责任。后来在狒狒法师拉飞奇的引导下，辛巴和父亲的灵魂会面。在父亲的灵魂面前，辛巴终于明白勇敢不是鲁莽，而成长则意味着要肩负起自己与生俱来的责任。在认识到自己背负的责任后，辛巴不再逃避，他决定重返家乡，坦然面对过去，夺回国王之位。

二、主题解读

　　责任是成长道路上绕不开的话题。每个人都有自己的责任，谁也不例外。对电影中主角小狮子辛巴来说，父亲木法沙活着的时候，他的责任就是向父亲学习如何成为合格的狮子王。父亲死后，他的责任就是继承王位，治理王国，可是他却一直在逃避自己的责任。年幼的辛巴不听父亲的教导，行事鲁莽，擅闯危险地带；少年辛巴每日在草原上游荡，甚至不知自己是谁。这都

是在逃避自己的过去，逃避责任。辛巴不敢面对自己过去犯下的错，害怕想起往事，每日麻痹自己，浑浑噩噩地活着。

"阿库纳玛塔塔"是彭彭和丁满教给辛巴的一句话，意味着无忧无虑、没有规则、没有责任、放纵而活。辛巴很幸运，在逃亡中遇到了丁满和彭彭，失去父亲和家园的痛苦得到医治。这句话是医治痛苦的良方，也是容易沉迷的毒药。彭彭和丁满开导他的本意是让他放下心中的懊悔，勇敢面对未来，可却被辛巴当成逃避过去的理由和借口。直到和父亲的灵魂见面，辛巴才有勇气正视自己过去犯下的错误，正视被自己逃避多年的责任。

生活中我们也会遇到类似的情况。我们每个人都有过不愿提及的人生经历。我们要做的不是逃避过去，一走了之，而是要勇敢面对。学会承担责任是成长的标志，小时候的我们在父母的庇护下可以无忧无虑地生活，那是因为生活的重担由父母替我们承担。但父母不会庇护我们一辈子，长大后我们要学着自己承担相应的责任，从父母手中逐渐接过生活的重担，学会独立生活，勇敢地面对这个并不美好但绝对精彩纷呈的世界。

电影对对碰

一、观影准备

1. 了解狮子的生活习性。

2. 回忆一下，自己在学习生活中有没有过不顾后果的行为？有没有过逃避责任的做法？

二、电影沙龙

1. 在父母庇护下小辛巴的性格是怎样的？

提示：虽然父亲教育他要在该勇敢的时候勇敢，勇敢并不意味着自找麻烦，但在父母庇护下的小狮子辛巴，无知，无畏，更不懂得责任和担当，鲁莽行事，随心所欲。

2. 被迫离开"荣耀之地"，辛巴与彭彭和丁满生活在一起时是什么状态？

成年后的辛巴是什么性格？

提示：被迫离开"荣耀之地"的辛巴被丁满和彭彭收养，在森林里过着无忧无虑的生活，把一切烦恼抛在脑后，处于不担心、无规则、无责任的生活状态。成年后的辛巴完全迷失了自我，无欲无求，随遇而安，不敢面对自己过去犯下的错，害怕想起往事，毫无责任和担当可言。

3. 是什么事情促使辛巴正视过去的错误，决定肩负起自己的责任？

提示：(1) 儿时的伙伴娜娜的出现，唤起了辛巴对过往的回忆，狮群需要他回归，不然大家会饿死，回到"荣耀之地"守护和管理王国是辛巴的责任。此时的辛巴内心矛盾，徘徊在草原上。(2) 法师带领辛巴与父亲的灵魂对话，并告诉辛巴他是木法沙的儿子，必须在生命的循环中找到自己的位置；他是王国的唯一继承人，应该面对过去不再逃避。

4. 从责任和担当的角度简析木法沙和刀疤的形象特征。

提示：木法沙勇敢、责任心强。作为国王他尽职尽责，狮子王国在他的守护治理下有序和谐，外敌不敢冒犯，动物们快乐地生活着。作为父亲，他教育

辛巴学习本领、学习处事，在辛巴身处险境时，他会毫不犹豫冒死相救，甚至付出生命。这既是如山般的父爱，更是沉甸甸的责任和担当的体现。

刀疤用不正当手段夺得王位，不思考如何治理国家，每日无所作为，"荣耀之地"没有水，没有食物，土狼横行，荒凉一片，民不聊生。他没有尽到国王的职责。

三、趣味活动

1. 说一说。

其实我们每个人都曾经是小狮子。说一说你生活中由于没有责任和担当犯过的错误，造成的后果。切身感受责任和担当在个人成长过程中的重要性。

2. 画一画。

画画《狮子王》故事脉络的思维导图吧，感受狮子辛巴的成长过程和心路历程。

3. 编一编。

想一想归来后的辛巴会给"荣耀之地"带来哪些变化，进一步感受责任和担当对社会的重要性。

红军不怕远征难
电影《冲锋号》

□ 延惠芳（山东省东营市河口区仙河镇中心小学）

导演：贺梦凡

类型：剧情／动画／军事历史

制片国家／地区：中国

上映年份：2013 年

德育主题

习近平总书记说过:"一个有希望的民族不能没有英雄,一个有前途的国家不能没有先锋。"中国共产党在不同的革命斗争历史时期涌现出了无数英雄烈士,他们的精神永垂不朽!让英雄精神融入民族血脉,我们就能不断激发前行力量。长征是人类历史上的壮举,是中国共产党革命英雄主义的集中呈现。了解了长征,我们才会真正领会巍峨丰碑用英雄热血铸就、前赴后继靠英雄信念支撑的深刻内涵。

电影赏读

一、情节回顾

《冲锋号》是一部少儿视角的长征传记片,在全国上映后,广受好评,在少年儿童中掀起了重温革命历史的浪潮。

流浪儿"虎子"和爱犬"小地瓜"相依为命,误入湘江战场,被红军司号员大个子叔叔舍命相救,他便加入红军,成了一名"红小鬼"。

虎子在红军中学认字、学吹号,了解革命道理,遵守革命纪律,先后跟随红军经历了各种会议。在遵义县城,虎子因为违反群众纪律,喝了群众的酒,牵连连长作检讨,大个子叔叔被取消了吹响第一声行军号的荣誉,而且全连的伙食费都被连长拿去赔偿百姓酒坊的损失了。虎子因为内疚,离开了红军,再次流浪。在离开部队的那段时间,红军先后四渡赤水、巧渡金沙江、穿越大凉山。

虎子因为保护百姓，被白匪军带到据点干杂活，恰好听到了敌人要前后夹击、在大渡河消灭红军的消息。虎子连夜翻山越岭，把消息告知了大个子叔叔和连长，还给诗诗带来了一个医药箱。连长受命组织了突击队，再次把共产党员、入党积极分子和战斗英雄组织起来，冲到了飞夺泸定桥战斗的第一线。

强渡大渡河后，虎子和部队继续翻越夹金山，连长为了救虎子和诗诗，被雪崩埋在了地下，壮烈牺牲，只留下一张"中国共产党党员证"，大个子叔叔继任了连长职务。过草地的时候，杜大姐突然分娩，大个子叔叔决定阻击敌人的进攻，为杜大姐争取分娩的时间。随着新生命的降临，虎子也正式接过了司号员的任务，并且利用敌人畏战的心理，在敌人背面吹响了冲锋号，成功为连队解了围。

走出草地，大家来到了陕北，红军和当地百姓用安塞腰鼓来庆祝会师。虎子也成长为一名合格的红军司号员。

二、主题解读：红军不怕远征难

红军长征是中国近代史、中国军事史、中国共产党历史的重要组成部分，是人类文明史上不可回避的重要事件。长征胜利后，毛主席总结说："讲到长征，请问有什么意义呢？长征是历史纪录上的第一次，长征是宣言书，长征是宣传队，长征是播种机。"在我看来，长征就是中国共产党的宣言，在长征途中宣传了红军的正面形象，播下了革命的种子。

红军长征难不难？难在何处？

给养装备供应不足。我们可以从影片中红军落后的武器装备、极少的防寒衣物和食物、奇缺的医疗物资，感受到当时的困难情景。红军就是在用自己的血肉之躯，挑战人类的生存极限。

自然环境条件恶劣。我们可以从影片中看到，无论是徒步走路、下雨夜战，还是爬雪山、过草地，红军遭受到恶劣自然环境的严峻挑战。很难想象在长达一年的时间里，红军身处如此恶劣的自然条件，居然还能坚持下来。依靠的到底是什么？

敌人多方围追堵截。在影片中，敌人利用飞机、汽车、马匹对红军进行围追堵截，还利用地理优势，妄图在河流和山谷中对红军实现合围，彻底消灭红军。

红军靠什么克服了这些困难？

坚强的领导核心。影片中，在湘江血战中救了虎子的是连长、大个子叔叔等几位共产党员；在飞夺泸定桥的突击队中，还是共产党员和入党积极分子先站出来；爬雪山时，连长作为共产党员，把棉衣让给了其他人，第一个舍身去救虎子和诗诗，自己却英勇牺牲。随身携带的"中国共产党党员证"，见证了一座丰碑的伟大。这些都是共产党员密切联系群众、关心群众、爱兵如子的真实写照。

151

超强的坚定毅力。在血战湘江战役中，连长跳入水中搭人桥，大个子叔叔不打麻药坚持做手术；在强渡乌江战役中，在遵义县城，连长宁可全连没有饭吃，也要赔偿百姓酒坊的损失；爬雪山时用单薄的衣服来抵御严寒。这些都是红军战士超强毅力的体现。

无畏的革命精神。在强渡乌江战役中，大个子叔叔吹响了冲锋号，并强调，只有站着的司号员，没有趴着的司号员。在飞夺泸定桥的战斗中，大个子叔叔再次吹响了冲锋号，鼓舞突击队顺利夺下了铁桥。在草地破袭战中，虎子也用冲锋号，成功解救了大家。这一声声嘹亮的冲锋号，就是红军大无畏革命精神的典型象征。

如何理解长征精神？

长征精神，红色革命精神之一。红军在长征中表现出对革命理想和事业无比的忠诚、坚定的信念，表现出不怕牺牲、敢于胜利的无产阶级革命乐观主义精神，表现出顾全大局、严守纪律、亲密团结的高尚品德，创造了伟大的长征精神。集中体现为坚韧不拔、自强不息、勇往直前。最显著特点是"一不怕苦，二不怕死"的革命英雄主义精神。长征精神是中华民族百折不挠、自强不息的民族精神的最高表现，是保证我们革命和建设事业走向胜利的强大精神力量。

如何理解坚韧不拔？在生活和学习中，遇到挫折和困难，不要退却，不要放弃，坚持到底。

如何理解自强不息？在工作和学习中，不要过度依靠外界力量，坚持独立自主，自力更生。

如何理解勇往直前？把漫长的生命旅程想象成个人的"长征"，相信自己一定能够走到"长征"的终点，取得最终的胜利。

2016年7月1日，习近平总书记在庆祝中国共产党成立95周年大会上明确提出，中国共产党人"坚持不忘初心、继续前进"，就要坚持"四个自信"，即"中国特色社会主义道路自信、理论自信、制度自信、文化自信"。我们坚信，能带领劳苦大众，取得长征、抗日战争、解放战争和抗美援朝胜利的政党，一定能继续带领全国人民，实现中华民族的伟大复兴！

电影对对碰

一、观影准备

1. 长征中的重要节点。

瑞金→突破敌人四道防线→强渡乌江→占领遵义→四渡赤水→巧渡金沙江→强渡大渡河→飞夺泸定桥→翻雪山→过草地→陕北吴起会师（1935年10月）→甘肃会宁会师（1936年10月），宣告长征的胜利结束。

2. 长征的路线图。

3. 诗歌诵读，毛泽东《七律·长征》。

　　红军不怕远征难，万水千山只等闲。
　　五岭逶迤腾细浪，乌蒙磅礴走泥丸。
　　金沙水拍云崖暖，大渡桥横铁索寒。
　　更喜岷山千里雪，三军过后尽开颜。

二、电影沙龙

1. 连长是一个怎样的共产党员？在影片中，他的哪些言行给你留下了深刻的印象？

提示：连长是红军中优秀共产党员和指挥员的杰出代表。他吃苦在前，第一个跳入湘江搭建人桥；他遵守纪律，拿出全连的伙食费赔偿受损百姓家的酒坊；他冲锋在前，率领连队中的共产党员、入党积极分子、战斗英雄组织突击队，飞夺泸定桥；他爱兵如子，拒绝瘦猴的请战，在雪崩时掩护虎子和诗诗，自己却英勇牺牲。正因为我们的军队和共产党员中，有无数像连长一样的英雄模范，才能保证我们的革命事业不断取得一个又一个伟大的胜利。连长的形象，就是革命英雄主义精神的化身，值得我们认真领会，激励我们不断前行。

2. 大个子叔叔是个怎样的人？作为一名司号员，需要满足哪些条件？

提示：只有站着的司号员，没有趴着的司号员；随时听命于指挥官；用号声向全体指战员传递作战指令；爱惜荣誉。只有珍惜荣誉的人，才会用生命来捍卫这些。这才是成为一名合格司号员的关键条件。

3. 虎子都克服了哪些困难，才成为一名真正的红军司号员。

提示：服从指挥，严守纪律，不拿群众一针一线，关心战友，不怕牺牲，机智灵活。

三、趣味活动

1. 学习鼓号队乐曲。

每个学校都有鼓号队，有机会请你主动报名参加，感受红军冲锋时那种大无畏的革命精神。

2. 阅读长征红色故事。

如果你看了《冲锋号》这部电影，特别喜欢里面的红军故事，可以查阅其他长征红色故事，了解当时的历史背景，感受红军的革命英雄主义精神。

拓展延伸

1. 人物想象。

根据影片中的情节，设想一下虎子若干年后，站在人民英雄纪念碑前，他会怀念长征途中的哪些战友？

2. 电影推荐。

感兴趣的同学，还可以看一下电影《长征》，了解一下真实的历史背景，感受一下红军领导人的革命风采。

3. 学唱歌曲。

《十送红军》是江西民歌，词曲非常动人，能够真实传递当时红军苏区的军民鱼水情，一经发行，大受赞扬，被广为传唱。有兴趣的同学也可以学唱一下。

后　记

随着中小学德育影视课程丛书——《超级电影课》的面世，回首课程的整个研发过程，我们的心中充满了激动与感激。

感谢所有热爱影视教育的老师们，感谢晓琳影视课程工作坊的老师和专家们。你们不仅积极参与了本套丛书的编撰，更是将这套课程带进了教室，成为孩子们生命成长中重要的精神营养。正是你们的热情与专业，让这套丛书焕发出生机与活力。

感谢所有热爱影视课程的孩子们。你们将自己的生命叙事与影视故事相互编织，不仅自身获得积极健康的成长，更让电影人物鲜活无限，让电影故事的生命力丰盈而绵长。正是你们的参与投入，让这个课程更加生动与有趣。

感谢所有热爱影视教育的家长朋友们。是你们的信任和支持，给了影视教育无限的可能。正是因为有了你们的陪伴与鼓励，孩子们才能在光影的世界中畅游，感受艺术的魅力。

感谢北京大学影视戏剧研究中心主任、教育部"长江学者"陈旭光教授，上海戏剧学院电影学院院长、博士生导师、教育部"长江学者"厉震林教授，西北大学电影学院院长、博士生导师、陕西省中小学影视教育协会常务副会长张阿利教授对本套丛书的推荐与支持。

感谢大象出版社对影视教育的倾力支持，感谢梁金蓝编辑十余年来对影视课程的独具慧眼，满满情怀，出版了十余部影视教育图书，形成了课程品牌，助推了影视教育的持续发展。

《超级电影课》，将优秀影视作品与德育融合起来，在立德树人方面发挥了独特功能。在设计课程时，我们引用了电影的部分剧照，以帮助孩子们理解故事情节，深化教育主题。感谢济南鸿景影视文化传媒有限公司出品发行的电影《麦豆的夏天》、华夏电影发行有限责任公司出品发行的电影《我和我的祖国》、峨眉电影制片厂出品发行的电影《红衣少女》、西安梦想流坊影视文化传媒有限公司出品发行的电影《信·守》等免费授权我们使用剧照和海报。不过，由于多种原因，我们暂时无法联系上部分影视作品的版权方，对此深感遗憾并表示诚挚的歉意。如版权方看到本套丛书，请与我们联系，我们将立即支付稿酬，并赠送样书。我们会在未来的工作中更加努力，确保尊重每一位创作者的版权。

最后，我们要感谢所有为这套丛书付出过努力的人们。正是因为你们的支持与帮助，《超级电影课》才得以顺利出版。它见证了我们对影视教育的热爱与坚持，也寄托了我们对孩子们美好未来的期许与祝愿。希望这套丛书能够继续为中小学德育贡献一份力量，为孩子们的成长带来更多的智慧与启迪。

杨爱君　王晓琳